Feng Shui Erfolgsformeln
Historische Bauten und das Karma ihrer Bewohner

Feng Shui Erfolgsformeln

Historische Bauten und das Karma ihrer Bewohner

Karl Trischberger

Bibliografische Information der Deutschen Nationalbibliothek
Die Deutsche Nationalbibliothek verzeichnet diese Publikation in der Deutschen Nationalbibliografie; detaillierte bibliografische Daten sind im Internet über **www.dnb.de** abrufbar.

© 2017 Karl Trischberger
Herstellung und Verlag: BoD - Books on Demand, Norderstedt
ISBN: 978-3-7431-7429-0

Vorwort

Im Jahr 1982 erschien das erste Buch zum Thema Feng Shui auf dem westlichen Markt. Es war von Stephen Skinner und trug auf Deutsch den Titel: Chinesische Geomantie. Ich habe mir damals sofort das Buch gekauft und seither hat mich das Thema nicht mehr losgelassen. Neben der jüdischen Kabbala und der Astrologie ist das Feng Shui wohl das interessanteste grenzwissenschaftliche System, das ich kenne. Im Laufe meines Lebens habe ich viele verschiedene Schulen, Autoritäten und Autoren des Feng Shui kennengelernt. China ist ein großes Land und so haben sich dort im Laufe der Zeit nicht nur mannigfaltige Philosophien und Philosophenschulen entwickelt, sondern auch viele magische Systeme und Sparten des Feng Shui. Ich habe in diesem Buch die Formeln zusammengetragen, die meiner Erfahrung nach am besten wirken. Formeln, die ich praktisch bei vielen Personen und Gebäuden und natürlich bei mir selbst auf ihre Verlässlichkeit überprüfen konnte.

Ursprünglich hieß dass Feng Shui *Kan Yu*. Kan meint den Weg des Himmels und Yu den Weg der Erde. Ich denke, die Benennung mit Kan Yu trifft es eher, was diese Lehre erreichen will. Es geht um die Harmonie zwischen dem Menschen und den Energien der Erde und des Himmels, also darum, mit den Naturgesetzen und den geistigen Gesetzen des Universums in Einklang zu gelangen.

Inhaltsverzeichnis

I. Beispiele — 11

1. Goethes Gartenhaus — 13
2. Goethes Stadthaus — 25
3. Schillers Wohnhaus — 33
4. Das Winterpalais in Wien — 39
5. Sommersitz Belvedere — 45
6. Friedrich der Große und sein Sanssouci — 49
7. Schloss Schönbrunn — 57
8. Das Berliner Schloss — 65
9. Die Kaiservilla in Bad Ischl — 71
10. Schloss Linderhof — 79
11. Richard Wagners Villa Wahnfried — 85
12. Stalins Dadscha in Kunzewo — 95
13. Der Berghof am Obersalzberg — 99
14. Claude Monet und sein Garten in Giverny — 105

II. Theorie — 113

15. Die Grundmatrix — 115

16. Die Kua-Formel   **131**
    16.1. Bedeutung der Himmelsrichtungen für alle Glücks-
         zahlen 140

17. Flying Star Feng Shui   **143**
    17.1. Bedeutung der Zahlenkombinationen im Flying Star
         Chart 147
    17.2. Die Flying Star Charts aller Perioden 158

18. Der Kreislauf der Elemente   **169**

19. Kombination aller Formeln   **171**

EINLEITUNG

Was ist dran am Feng Shui?

Was zeichnet so erfolgreiche und unterschiedliche Typen wie Friedrich den Großen, Johann Wolfgang von Goethe, Friedrich Schiller, Richard Wagner und Claude Monet aus? Was ist die Ursache, dass Kaiser Franz Joseph von Österreich und Monet uralt wurden? Sie alle hatten ein Feng Shui der Spitzenklasse, ein ausgezeichnetes Energiefeld! Anhand der wichtigsten Feng Shui Regeln, entstanden am Kaiserhof in Peking, werden Daten und Gebäude berühmter, erfolgreicher aber auch erfolgloser, schicksalsgebeutelter Personen untersucht. Es zeichnen sich dabei immer wieder die gleichen Energiemuster und auch Fehler ab. Mit diesem Wissen bereichert kann sich im zweiten Teil des Buches der Leser selbst auf die Suche nach dem für ihn passenden Haus beziehungsweise der passenden Wohnung machen.

Beginnen werde ich mit vierzehn praktischen Beispielen aus der Geschichte. Danach werden die Regeln näher vorgestellt und erläutert. Das ist, so denke ich, weit weniger langweilig als das x-te Buch mit der Darlegung von Feng Shui Regeln zu beginnen. Wem Feng Shui Erfahrungen fehlen, der kann verstärkt den zweiten Teil zu Rate ziehen. Dort steht alles kurz und prägnant, was der Leser an Wissen braucht.

Ich wünsche viel Spaß, kurze Weile beim Lesen und viel Erfolg beim Umsetzen des Gelernten.

Teil I.

Beispiele

Goethes Gartenhaus
Liebe unter dem Wacholderbaum

Das Gartenhaus liegt verträumt in einem Park.

Eine kleine Bemerkung vorneweg. Goethe ist für mich einer der größten Denker aller Zeiten. Wir verdanken ihm viel. Unter anderem hat er in der Metamorphosenlehre, eine geistige Evolutionstheorie, und mit seiner Farbenlehre eine Physik der Qualität begründet. Die Forderung, dass Naturwissenschaften nicht nur Mechanik und Quantität, sondern eben auch Qualität ausdrücken sollten, überfordert viele sogenannte Denker und Wissenschaftler, heute immer noch und vermutlich mehr denn je. Dass dies aber möglich ist hat Goethes Forschung gezeigt. Doch dies nur nebenbei.

Die Weimarer Klassik ist das Goldene Zeitalter Deutschlands. Darin geistig Wohnung zu nehmen lohnt sich. Immer wenn es mir schlecht geht lese ich Goethe. Er verhilft, wie kaum ein anderer, zu geistiger und physischer Gesundheit. Ehrlich gesagt hat mich Goethe, seitdem ich in jungen Jahren seinen Faust und vor allem auch den zweiten Teil des Faust las, nicht mehr losgelassen. Damals begann eine lebenslange Freundschaft zu ihm, eine Freundschaft, die ich bis heute nicht bereut habe. Im Gegenteil. Goethe ist ein Universum an Weisheit. Somit ist klar, dass meine Feng-Shui-Analysen mit den

Energiefeldern von Goethes Häusern beginnen.

Damit nun zum Gartenhaus. Goethe war ein großer Naturliebhaber. Und so war das wunderschön gelegene Haus an der Ilm, das er 1776 erwerben konnte, vermutlich einer der Gründe, warum er in Weimar blieb. Das Haus ist prächtig in die Parklandschaft eingebettet. Dies gibt bestes Feng Shui. Das Tao, die chinesische Naturmystik, die dem Konzept des Feng Shui zugrunde liegt, wird mit „der Weg" übersetzt. Und nirgendwo sonst wurde die freundlich empfundene Natur, die Landschaft selbst, der Weg über Brücken, vorbei an Gewässern und Toren, hin zur Behausung, zum menschlichen Wohngebäude, zur eigentlichen Aufgabe der Architektur. Es geht nicht nur um den Einzelbau, die chinesische Kultur war lange Zeit die einzige, die mit Inbrunst Natur und Gebäude zu einem sakralen Gesamtkunstwerk zusammenschloss.

Schlangenstein in der Parkanlage um das Gartenhaus

Marco Polo soll mit seiner Fahrt nach China dieses Konzept nach Europa gebracht und mit seinen Beschreibungen den Entwurf der Gärten der Renaissance und des Barock beeinflusst haben. Dies behaupten zumindest manche Feng-Shui-Experten, die dabei auf das große Yin-Yang-Symbol auf dem Fußboden des Treppenhauses im St. Petersburger Barock-Schloss verweisen. Nun, ich will es gerne glauben, es ist eine schöne Theorie über den nachhaltigen Einfluss von Orient zu Okzident, vom harmonischen Ineinanderfließen der Kulturen und ihrer gegenseitigen Wertschätzung. Zumindest von China kann man ja sagen, dass es Kultur hatte, und seine Seidenraupenzucht, seine Porzellanmanufakturen haben den industriellen Aufschwung und damit den Wohlstand Europas nachhaltig befördert und beeinflusst. Doch wie auch immer, mit der Renaissance beginnen Gartenanlagen mit Springbrunnen, Pagoden, Teichen, Statuen, Steinen, Bäumen und weiten Grünflächen als bewusst gewählten Gestaltungselementen. Solch große Parks waren damals eine völlig neue Idee. Der Park an der Ilm ist ein solches weitläufiges Konzept, das von Goethe mitentwickelt und mitgestaltet wurde. Nebenbei machte dies seine Wohnung besonders glückbringend. So ein Park generiert besonders viel prächtiges Chi (Lebensenergie), ein Chi, das viele Menschen instinktiv und unmittelbar wahrnehmen. Und so ist der Park auch heute noch sehr beliebt bei Einheimischen und Gästen.

Mitten im Park steht dann noch rein zufällig ein Schlangenstein. Die Schlange ist im Feng Shui das heilige Tier des Zentrums. Sie sorgt für Wohlstand, Fülle, Wachstum und Gesundheit. Die Kräuterspirale, die heute so manchen Hausgarten ziert, ist ein modernes Äquivalent dieser alten Feng-Shui-Anwendung.

Goethes persönliche Formel

Südosten **Chueh Ming** Finanzprobleme schlechteste Richtung	*Süden* **Ho Hai** Missgeschick viertschlechteste Richtung	*Südwesten* **Sheng Qi** Wohlstand beste Richtung
Osten **Lui Sha** Vitalitätsverlust zweitschlechteste Richtung	*Johann Wolfgang von Goethe* Glückszahl 8	*Westen* **Nien Yi** Gute Beziehungen drittbeste Richtung
Nordosten **Fu Wi** Wachstum viertbeste Richtung	*Norden* **Wu Kwei** Streit drittschlechteste Richtung	*Nordwesten* **Tien Yi** Gesundheit zweitbeste Richtung

Eine der wichtigsten und wirkungsmächtigsten Formeln im Feng Shui ist die sogenannte Kua-Formel. Siehe hierzu näheres im Kapitel II. Jeder Mensch erhält durch sein Geburtsjahr seine persönliche Glückszahl. Bei Goethe ist es die Acht. Er ist dadurch ein Westtyp!

Seine positiven, im Wohnraum unbedingt zu nutzenden Himmelsrichtungen sind: Nordosten, Nordwesten, Westen und Südwesten.

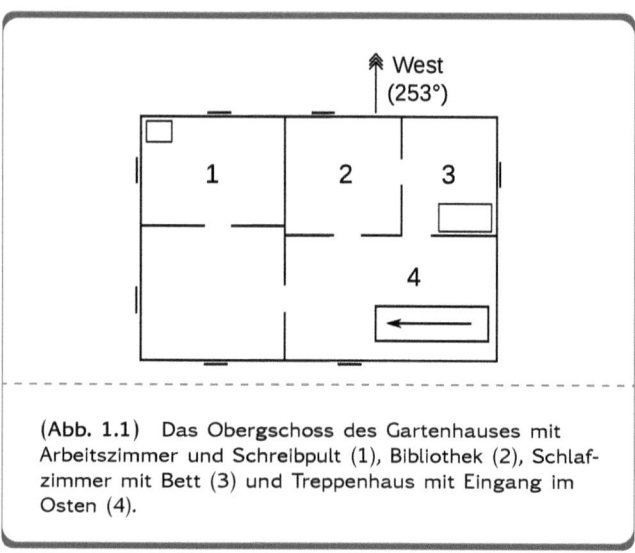

(Abb. 1.1) Das Obergschoss des Gartenhauses mit Arbeitszimmer und Schreibpult (1), Bibliothek (2), Schlafzimmer mit Bett (3) und Treppenhaus mit Eingang im Osten (4).

Sein Haus blickt nach Westen, es ist damit ein Westhaus. Alle Eingänge zum Garten befinden sich im Westen. Dies ist für Goethe schonmal sehr günstig. Und Goethe hat seine wichtigsten Räume in den Westen verlegt. Das Schlafzimmer liegt im Nordwesten, seiner persönlichen Gesundheitsrichtung, sein Arbeitszimmer befindet sich im Südwesten, seiner Wohlstandsrichtung. Das Zimmer dazwischen diente als Bibliothek und Wohnzimmer, wurde von daher oft genutzt und stärkte sein persönliches Beziehungsglück. Nicht zuletzt hat Goethe sein Bett in den Nordostsektor des Schlafzimmers verlegt. Der Nordosten steht bei ihm für persönliches Wachstum und geistige Entwicklung. Außen, an der Nordostecke des Hauses, stand damals ein alter Wacholderbaum. Goethe hat bei ihm gerne gesessen und gedichtet. So entstand unter dem Baum sein berühmtes Gedicht *Rastlose Liebe*. Das passt besonders gut zu den noch jungen, etwas rast- und ruhelosen Energien des Nordostens. Von der Grundmatrix aus betrachtet, der Acht-Häuser-Formel (siehe dazu nähere Erläuterungen im Kapitel II) ist ein Schlafzimmer im Nordwesten ohnehin für Männer, die Erfolg haben wollen, ideal: Der Nordwesen wird dem Chef eines Hauses zugeordnet, er steht für Herrschertum und Macht. Ein Schlafzimmer hier ist für Goethe doppelt günstig und im Nordwesten besser platziert als im Westen oder Südwesten, zwei weiteren guten Richtungen für unseren Dichter.

Prinzipiell gilt: Ein Schlafzimmer eines Westtypen sollte im Nordwesten, Westen, Südwesten oder Nordosten liegen. Die Umsetzung dieser Glücks- oder Kua-Formel bringt wirklich sehr gutes Feng Shui und reicht oftmals völlig aus, um ein gutes Leben zu leben. Im Anhang kann jeder aus seiner Tabelle seine persönliche Glücksformel finden. Aus der Sicht des Feng Shui wäre es für Goethe eher ungünstig gewesen, ein Schlafzimmer zum Beispiel im Südosten zu haben und mit dem Kopf nach Osten zu schlafen, das gibt aller Erfahrung nach große Schwierigkeiten. Wer im „falschen" Raum liegt, sollte unbedingt seinen Kopf beim Schlafen in eine für ihn günstige Richtung bringen. Dies ist wirklich wichtig. Und wenn möglich verlegen Sie Ihr Bett innerhalb des Raumes in einen für Sie günstigen Sektor. So wie es auch Goethe tat, mit seinem Bett im Nordosten seines Schlafzimmers. Und das Ganze sollte noch nach Möglichkeit mit dem Flying Star Chart abgestimmt werden.

Goethes Fliegende Sterne (Flying Stars) im Gartenhaus

Der Flying Star Chart ist die wohl komplizierteste Lehre im Feng Shui. Wir haben wie in der Kua-Formel neun Zahlen, die in Dreiergruppen angeordnet die unterschiedlichen Qualitäten anzeigen, und wir haben neun Perioden, in denen diese Zahlen unterschiedliche Wirkungen haben. Die Zahl Fünf zum Beispiel zeigt in unserer jetzigen Periode eher negative Aspekte an. In der Periode Fünf zur Zeit Goethes brachte sie phantastischen Wohlstand. Diese Zahlen bezeichnet man als Sterne, dies deshalb, weil diese numerologische Methode, die den zeitlichen Verlauf und die zeitliche Veränderung des Chi-Flusses untersucht, sich ursprünglich an den Sternen, speziell an dem Sternbild des Großen Bären, orientierte, um zu brauchbaren Ergebnissen zu gelangen. Im Laufe der Zeit wurde daraus der Flying Star Chart, der Chart der Fliegenden Sterne. „Fliegend" deshalb, weil sich die Zahlen (= Sterne) in bestimmten Rhythmen ändern.

Alles fließt, nichts bleibt still

2 6	7 2	9 4
4	9	2
1 5	3 7	5 9
3	**5**	<u>7</u>
6 1	8 3	4 8
8	1	6

Fliegende Sterne von Goethes Gartenhaus

Im Flying Star Chart haben wir Neun Felder und neun unterschiedliche Energien. Das Feld in der Mitte oben ist dem Süden zugeordnet, entgegen der für uns Europäer gewohnten Vereinbarung, dass sich dort der Norden befindet. Das mittlere Feld links ist dann entsprechend dem Osten zugeordnet, unten Mitte dem Norden und rechts in der Mitte schlussendlich dem Westen. Die Nebenhimmelsrichtungen ergeben sich wie gewohnt. Jedes Feld hat einen sogenannten Basisstern, in der Mitte des Charts stehend. Selbigen müssen wir nicht weiter beachten, denn er sorgt nur für den Flug des sogenannten Berg- und des Wassersterns, ist also nur die Basis, der Ausgangspunkt für die energetischen Bewegungen. Der Bergstern (oben links in einem Quadrat) zeigt an, wo wir besonders gut unser Schlafzimmer einrichten können, er steht für Gesundheit und gute Beziehungen. Der Wasserstern (oben rechts im Dreizahlenchart) wiederum zeigt uns, wo unser Büro, wo unser Eingang besonders glückbringend liegt. Der Wasserstern fördert das Wohlstandsglück. Die grundsätzliche energetische Bedeutung der einzelnen Zahlen Entnehmen sie der Auflistung in Kapitel 17.1 auf Seite 147. Die Zahlen 1,3,6,8 sind tendenziell eher günstiger Natur. Die 8 steht in der jetzigen Periode 8 für Wohlstand, ebenso die 6 und die 1. Die 5 und die 2 sorgen für Pech und sind gefährlich. Die 3 steht für Streit, Kämpfe und Missverständnisse, die 7 bringt in der jetzigen Periode Unfälle und Verluste. Die 4 sorgt für Romantik und die 9 steht für Ganzheit und wirkt oftmals sehr positiv. Der unterstrichene Basisstern im Chart zeigt übrigens die Blickrichtung des Gebäudes an. Das waren jetzt alles recht theoretische Ausführungen, die praktischen Beispiele machen aber recht schnell verständlich, worauf es ankommt.

Insgesamt wurde die Technik des Flying Star Feng Shui am chinesischen Kaiserhof entwickelt und war dort lange Zeit Geheimwissen. Nur für den Kaiser und seine engste Umgebung bestimmt, wurde es der Öffentlichkeit vorenthalten. Nach der sogenannten „Kulturrevolution" flohen diese Feng Shui Experten nach Taiwan. Da es dort keinen Kaiser mehr gab, wurden hochstehende Persönlichkeiten beraten, und von dort fanden diese hochwirksamen magischen Formeln ihren Weg in die Öffentlichkeit weltweit. Dass es sich durchaus lohnt, sich mit diesen Formeln zu beschäftigen, hoffe ich in den folgenden Beispielen zeigen zu können.

Schlafzimmer im Nordwesten – Kreativität und Liebesglück

Das Schlafzimmer im Nordwesten mit der Zahlenfolge 4-6-8 (Bergstern 4, Basisstern 6, Wasserstern 8) zeigt auf viel Glück für Autoren hin. Ruhm, Wohlstand und Spiritualität werden gefördert. Da die 8 die Glückszahl Goethes ist, bedeutet dieser Raum für Goethe doppelten spirituellen aber auch materiellen Wohlstand. Da das Bett im Nordosten des Schlafzimmers steht, wird Goethe außerdem von der Kombination 6-8-1 tangiert, die dort residiert. 6 und 1 als Berg- und Wasserstern im Flying Star Chart deuten auf besonderes Liebesglück hin, das sogenannte Pfirsichblütenglück (peach blossom luck). Goethe war in der ersten Zeit der Weimarer Jahre unsterblich in Charlotte von Stein verliebt. Klar dass auch an der Nordostecke des Hauses unter der Zypresse besonders viele schöne Liebesgedichte entstanden. Und ein lauschiger Platz mit Steinbank in der Nähe dieser Ecke war auch der Lieblingsplatz von Charlotte von Stein.

Eingang im Osten – Schnellstart in die Karriere

Wir befinden uns in der Periode 5, da bringt der Wasserstern 5, vor allem in Kombination mit der 1, Wohlstand und Fülle (Chart: 1-3-5). Der Eingang liegt ja vom Grundchart her ohnehin recht günstig! Ein Eingang im Osten gilt als Karrierekick schlechthin für junge Burschen, denn ein Eingang im Osten sorgt für Optimismus, Selbstvertrauen und Schnellstart in die Karriere. Nicht genug damit, hat Goethe auch noch den Eingang im Osten mit dem Siebenstern versehen. Der Siebenstern ist, man kann es anhand alter römischer

Kunstwerke erkennen, die Goethe natürlich genau studiert hat, der Kranz am Haupt des Sonnengottes Helios.

Pentagram am Eingang zum Garten im Westen schützt vor negativen Energien.

Im Feng Shui wird er dem Osten und damit dem Sonnenaufgang und der Sonne zugeordnet. Besser geht es nun wirklich nicht mehr, um Kreativität und einen guten Start in eine Karriere zu fördern.

Arbeitszimmer im Südwesten – Erfolg und Wohlstand

9-2-4 ist gut für Studium und Geschäft. Sowohl seine Studien über Mineralogie als auch Botanik, Farbenlehre und Zoologie hat er damals begonnen. Geschäftlich war er als oberster Minister des Staates sehr erfolgreich. Von der Grundmatrix her garantiert der Südwesten mit der Vorherrschaft des Erdelementes gründliches, ausdauerndes Arbeiten. Im indischen Feng Shui, dem Vastu, gilt dies als beste Platzierung für ein Büro überhaupt. Eine Platzierung, die auch noch durch den persönlichen Chart unterstützt wird. Besser geht es kaum mehr. Die 4, egal ob sie als Bergstern wie im Schlafzimmer oder Wasserstern wie hier im Büro auftaucht, steht für die Energien der

Venus und das Chi des Holzes und gilt, egal in welcher Konstellation und Epoche, als Signifikator für schriftstellerischen und rhetorischen Erfolg. Und Überzeugungskraft und Überredungskunst hat er als Staatsminister sicherlich gebraucht, um seine Ideen durchzusetzen.

Die Tapetenrose an der Westwand unter dem Arbeitszimmer fördert die Inspiration.

Erweiterung im Süden – Ruhm und Anerkennung

In den ersten Jahren in Weimar hatte Goethe sein Haus im Süden erweitern lassen, einfach um aufgrund der Raummenge im Parterre mehr Platz zu schaffen. Im ersten Stock nutzte er die Erweiterung als Dachgarten bzw. Balkon. Solch eine Erweiterung garantiert Ruhm und Anerkennung, bringt ein reges Liebesleben, aber auch stressigen Lebensstil. Denken wir nur an eine der weiteren Liebesaffären Goethes aus dieser Zeit, die Geschichte mit Jakob Michael Reinhold Lenz (siehe z.B. den Roman von Marco Buhl: Der rote Domino, der auf die stark erotische Komponente dieser tiefen, wilden, leidenschaftlichen Freundschaft eingeht) und natürlich an seine große Liebe zu Charlotte von Stein. Über weiteres will ich hier lieber schweigen.

Herder bezeichnete Goethe als Priap und Luise von Stolberg titulierte ihn mit Lucifer. Ob zu Recht, darüber möge sich jeder selber ein Urteil bilden. Zu einem „Luzifer", zu dessen mythologischen Vorbildern dank seiner Attribute nicht zuletzt auch Hephaistos, der

Schmied zählt, passt natürlich gut die Stärkung der südlichen Feuerenergie. Goethe hatte Feuer! Und den Stein des Guten Glücks, der im Norden des Grundstücks steht und dort die Kräfte des Merkur und auch des Pan weckt, legen wohl Zeugnis für Goethes phallische (schöpferische) Fähigkeiten ab.

Stein des guten Glücks

Was davon geistig blieb und was dabei auch stofflich wurde, darüber lässt sich bis heute trefflich streiten. Denn Goethe sprach zwar von der Liebe, aber niemals von Bettgeschichten. Den Norden und den Süden zu stärken ist gut fürs Liebesleben, aber auch für Karriere und Erfolg, und somit eine wichtige und probate Feng Shui Maßnahme.

Das Wohnzimmer – Zuviel Stress und ein Kuraufenthalt in Italien

Das Wohnzimmer im Westen mit den Zahlen 5-7-9 gilt als Garant für Wohlstand und plötzliche Anerkennung. Also lauter gute Energien. Das Pfirsichblütenglück wohnt, wie bereits erwähnt, im Nordosten, die 6 mit der 1 steht allerdings auch für Kopfschmerzen und zu viel Stress. Was ja allein schon durch leidenschaftliche Liebesaffären durchaus passieren kann (das mit dem Stress). Für August von Sachsen-Weimar war Goethe als oberster Beamter und Workaholic schier unentbehrlich und so kam es, wie es kommen musste: In einer

Nacht- und Nebelaktion floh der Geheimrat vor den Regierungsgeschäften und seinen Liebschaften, um endlich auf einer Reise sein gelobtes Land – Italien – kennenzulernen und sich von seinen Strapazen eine Auszeit zu nehmen. Zurückgekehrt wird das Haus am Frauenplan, in dem er mit Christiane Vulpius, einem jungen Mädchen, mit dem er in jahrelanger, damals skandalöser wilder Ehe zusammenleben wird, sein neues festes Domizil.

Zusammenfassend lässt sich sagen, dass der Nordosten scharfe, schnelle, durchdringende Chi-Energien besitzt, die für Kampfgeist, Wissbegierde und auch Verlangen nach harter Arbeit sorgen. Ich kenne einige Workaholics, die ihr Büro und/oder Schlafzimmer im Nordosten haben. Der Nordosten bringt Erfolg, zweifellos! Goethe hat ihn für sich durch die Stellung des Bettes und seinem Lieblingsplatz im Garten voll genutzt. Die günstige Kombination 6-1 zeigt neben dem Liebesglück zusätzlich Erfolg in allen Dingen an, denn die Liebe verleiht Engelsflügel. Aber irgendwann kann einem auch vor lauter Aktion „die Hutschnur platzen". Eine Auszeit ist dann das Beste, was man sich gönnen kann. Und so floh Goethe nach Italien, eine reichlich verärgerte Charlotte von Stein zurücklassend.

GOETHES STADTHAUS
ARKADIEN NACH LANGER WANDERSCHAFT

Der Garten hinter dem Haus

Bis zu seinem Tod im Jahre 1832 bewohnte Goethe sein Stadthaus in Weimar am Frauenplan. 1794 bekam er das Gebäude von Herzog Carl August geschenkt, danach konnten umfangreiche Umbauten wie die Anlage des kolossalen Treppenhauses erfolgen. Damit befindet sich das Gebäude in der Periode Sechs. Es hat seine Blickrichtung auf den schönen Frauenplan bei etwa 341 Grad und ist somit ein Nord-1-Haus.

9 3	5 7	7 5
5	1	3
8 4	1 2	3 9
4	**6**	8
4 8	6 6	2 1
9	2	7

Fliegende Sterne von Goethes Stadthaus

Es fällt eine Zahlenkombination auf, die wir auch in künftigen Beispielen bei erfolgreichen Personen und ihren Gebäuden immer wieder sehen werden. Double Facing nennt man die Situation im englischen Sprachraum. Der Stern der Periode befindet sich doppelt, sowohl als Berg- als auch als Wasserstern, in der Blickrichtung mit der Doppelten Sechs im Norden. Dies gilt als überaus glückbringend, Ruhm und Erfolg werden garantiert, die doppelte Sechs steht für großes finanzielles Glück vom Himmel. Der Hauseingang befindet sich zudem im Norden, ebenfalls der Gelbe Saal als Empfangssaal und Esszimmer für größere Gesellschaften im Kontext von Goethes Amts- und Repräsentationspflichten.

Die Frontseite des Hauses

Das alles ist dreifach gut! Und Goethe wählte auch noch die heiligste Farbe des Feng Shui, vormals im alten China nur den Kaisern vorbehalten: Gelb. Sie steht wie keine andere Farbe für Wohlstand und Anerkennung. Der Farbentheoretiker Goethe hat hier ganze Arbeit geleistet. Von den 16 Häusertypen der Periode Sechs haben nur drei diese Doppelte Sechs zu bieten. Man muss sich also schon etwas anstrengen, um solch ein Super-Haus zu bekommen. Das Schicksal hat es auch aus der Sicht des Feng Shui mit Goethe gut gemeint.

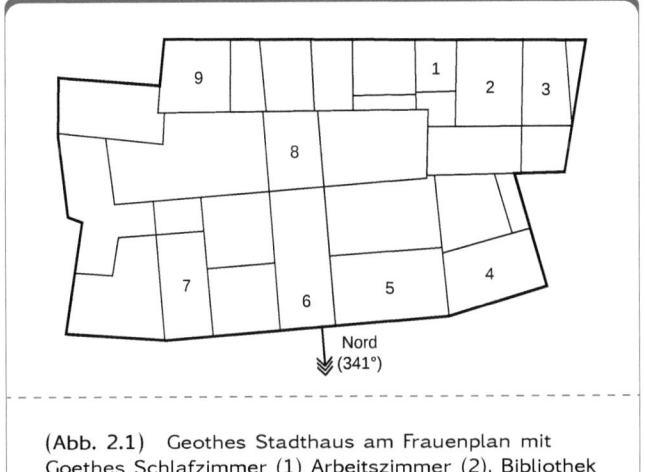

(Abb. 2.1) Goethes Stadthaus am Frauenplan mit Goethes Schlafzimmer (1) Arbeitszimmer (2), Bibliothek (3), Urbinozimmer (4), Empfangszimmer (5), Eingangsbereich (6), Eheschlafzimmer (7), Brückenzimmer (8) und Christianes Wohnzimmer (9).

Arbeitszimmer im Südwesten – Inspiration dank Bier und Wein

Die 7-3-5 signalisiert Wohlstand und große verbale Fähigkeiten. Günstige Sterne sind in dieser Periode vor allem die 6, 7, 8, 9. Die Fünf als Bergstern im Süden sorgt deshalb für Krankheiten. Mehrmals war Goethe auch krank, vor allem zur Winterszeit, wenn die vorderen repräsentativen Räume schwer zu beheizen waren, hielt er sich monatelang im rückwärtigen südlichen und südwestlichen Teil auf, zwischen Schlaf- und Arbeitszimmer wechselnd. Im Winter 1805 erkrankte er so schwer, dass er dem Tode nahe war. Pflanzen sollen übrigens den negativen Wasserstern Fünf entschärfen. Im Zweifelsfalle ist es aber immer günstiger, solch ein Energiefeld zu meiden.

Die Kombination 7-5 steht weiterhin für Drogenabhängigkeit, und da hatte Goethe einiges zu bieten. Gegen Mittag trank er bereits eine Flasche Wein. Wilhelm Grimm bemerkte: „Es war sehr guter Rotwein und er trank fleißig" [Nag90, S. 54] Wilhelm von Humboldt berichtet 1823, dass Goethe den ganzen Tag nur Köstrizer und Oberweimarisches Bier trinkt. Das Schlafzimmer liegt mehr im Süden, die Kombination 5-7 dort hat eine ähnliche Wirkung wie die 7-5 im

Arbeitszimmer. Abgeschwächt wird dieser Umstand Goethes Hang zu berauschenden Getränken sicher nicht haben.

Goethes persönlichen Chart hatten wir ja bereits im vorherigen Kapitel. In den folgenden Betrachtungen gehen wir aber auch auf Christiane Vulpius Situation ein.

Südosten	Süden	Südwesten
Chueh Ming	**Ho Hai**	**Sheng Qi**
Finanzprobleme	Missgeschick	Wohlstand
schlechteste Richtung	viertschlechteste Richtung	beste Richtung
Osten		Westen
Lui Sha	*Christiane Vulpius*	**Nien Yi**
Vitalitätsverlust	Glückszahl 5	Gute Beziehungen
zweitschlechteste Richtung		drittbeste Richtung
Nordosten	Norden	Nordwesten
Fu Wi	**Wu Kwei**	**Tien Yi**
Wachstum	Streit	Gesundheit
viertbeste Richtung	drittschlechteste Richtung	zweitbeste Richtung

Majolikazimmer im Nordosten – Streß und Action

In der Anfangszeit schlief Goethe mit seiner Frau im späteren sogenannten Majolikazimmer. Der Nordosten ist für beide die persönliche Wachstumsrichtung. Selbige gilt als besonders gut, um regenerativen Schlaf zu fördern. Die 4 mit der 8 im Nordosten gilt als sehr glückbringend für Autoren. Allerdings zeigt der gute Wasserstern 8 im Schlafzimmer Unruhe an und unterstützt die ohnehin von Natur aus zu Instabilität neigenden Energien des Nordostens noch zusätzlich. Kurzum: Viel Stress und „Action" sind zu erwarten. Irgendwann wurde es dem Herrn Geheimrat zu viel und er bezog das Schlafzimmer im Süden/Südwesten. Die 8 mit der 4 zeigt übrigens ebenso wie die 2 mit der 1 im Zentrum und im Nordwesten eine dominante Frau im Haus an. Goethe hat das nicht geschadet, im Gegenteil. Seine Frau bewältigte allein den Haushalt während der langen berufsbedingten Abwesenheiten ihres Mannes und stellte sich 1806 schützend vor ihn, als marodierende französische Soldaten Weimar unsicher machten und drohten, gegen ihn handgreiflich zu werden. Dass diese Soldateska nicht ungefährlich war, belegen hinreichend Berichte über das Schicksal eines Malers in Weimar, der zur gleichen Zeit von Soldaten ermordet wurde, und bereits sieben Jahre zuvor war Goethes Freund Johann Caspar Lavater an den Folgen einer Schussverletzung durch einen französischen Soldaten gestorben. Eine starke Frau im Haus zu haben kann also durchaus nützlich sein, auch wenn es die Herren der Schöpfung oft nicht wahrhaben wollen.

Allerdings weist die 8 mit der 4 auch auf Untreue hin. Die gute Christiane soll häufig Tanzveranstaltungen ohne ihren oft aus beruflichen Gründen in die Ferne schweifenden Gatten besucht haben. Auch wurden sicherlich nicht ganz unbegründete Zweifel gehegt, ob Sohn August wirklich von Goethe stammte. Fest steht: Christiane flirtete gerne, ob es dabei zum äußersten kam? Niemand weiß genaues. Die Kombination 1-2 bzw. 2-1, wie sie im Zentrum und Nordwesten auftreten, gelten übrigens als Hinweis für Potenzprobleme. Genau über diese Probleme schrieb Goethe 1810 das Gedicht *Das Tagebuch* und auch einen Vierzeiler. [Goe14, S. 1054 ff.] Autobiographische Bezüge sind da doch recht wahrscheinlich. Viel trinken und viel arbeiten ist normalerweise für die Manneskraft auf Dauer alles andere als förderlich. Das Flying-Star-Energiefeld zeigt diese Konflikte an.

Die Frauenstatue im Garten

Hinzukommt, dass die 2 und die 1 keine günstigen Sterne in der Periode 6 sind. Das macht die Entfaltung ihres negativen Potentials mehr als wahrscheinlich. Abgesehen davon führten Goethe und seine Frau ein partnerschaftliches Leben und grundsätzlich eine eher harmonisch zu nennende Ehe. Beide gehören dem gleichen Typus an, dem Westtypus, dies gilt als ein Indikator für eine glückliche und erfolgreiche Partnerschaft. Goethe hatte seiner Frau die Räume im Osten überlassen, im Südostbereich hielt sich Christiane öfter auf, in der sogenannten Großen Stube und im Wohnzimmer. Zwar ist vom Grundchart her der Südosten prinzipiell ein guter Bereich für die Herrin des Hauses, doch besonders alt an Jahren wurde die große Liebe Goethes nicht. Aus der Sicht des Feng Shui wäre es sicherlich besser gewesen, wenn auch sie die westlichen Räume öfter genutzt hätte. So verständlich (da Konflikt vermeidend) die Trennung der Arbeitsbereiche beider Personen in verschiedene Zonen des Hauses war, Christiane hat dies doch eher weniger Glück gebracht und dies trotz der Tatsache, dass im Garten in der Südwestecke des Gebäudekomplexes eine Frauenstatue stand. Eine solche Statue stärkt die Energien der Matriarchin, ist also gutes Feng Shui und immer anzuraten. Nur war es in unserem Fall wohl leider zu wenig.

Treppenhaus im Nordwesten – Freundschaft und Frieden

Auf die Bedeutung der Kombinationen 2-1 bzw. 1-2 wurde bereits weiter oben hingewiesen. Der Nordwesten ist ja der Bereich der Partnerschaften, der Verbindungen, des Beziehungsglücks und des Himmels. Statuen und Büsten von Göttern und griechischen Helden hat Goethe hier aufstellen lassen. Das bringt Freundschaftsglück in die gute Stube. Die Statue des Ganymed (Betender Knabe) zum Beispiel war für Goethe von entscheidender religiöser Bedeutung. Als Mittler zwischen Himmel und Erde vertreibt er Gewalt und Tod. Die Ildefonso-Gruppe (Kastor und Pollux) wiederum ist für den, der die Zeichen zu deuten versteht, ein deutlicher Hinweis auf die tiefe Freundschaft Goethes zu Schiller. Über dem Treppenhaus thront Iris zusammen mit dem Himmel und Regenbogen. Auch das ist eine gute Maßnahme: Bilder vom Himmel in den Nordwesten zu geben, das ist ein Feng-Shui-Klassiker! Und der Regenbogen bringt Frieden ins Haus. Beziehungsglück und bei Goethe Wohlstand durch Freundschaften werden durch diesen Aufbau des Treppenhauses gestärkt. Doch Goethe wäre nicht Goethe wenn er nicht dieser im Feng Shui durch und durch männlich verstanden Richtung neben der Göttin Iris nicht noch zwei weitere Damen hinzugesellt hätte: Chloris und Thyia. Denn neben der Freundschaft zu Männern lag Goethe auch sehr viel an seiner Freundschaft zu Frauen. Nicht alle, doch wohl die meisten seiner Liebesgedichte, hat er Frauen gewidmet.

Kastor und Pollux

Und zuletzt kann ich es mir nicht verkneifen, auf den Hund als Wächter am Eingang hinzuweisen. Der Hund ist zwar in das Bildprogramm, die Botschaft, die uns Goethe im Treppenhaus zukommen lassen will, integriert. Aber nebenbei ist der Hund als Wächter am Eingang – mal wieder – eine klassische Feng-Shui-Maßnahme, typisch Goethe eben.

SCHILLERS WOHNHAUS
DER TOD LAUERTE IN DER TAPETE

Schillers Wohnhaus

Friedrich Schiller, geboren am 10.11.1759, hat die Kua Zahl 7, ist ein Westtyp und vom Tierzeichen Hase.

Südosten	Süden	Südwesten
Lui Sha	**Wu Kwei**	**Tien Yi**
Vitalitätsverlust	Streit	Gesundheit
zweitschlechteste Richtung	drittschlechteste Richtung	zweitbeste Richtung
Osten		Westen
Chueh Ming	*Friedrich Schiller*	**Fu Wi**
Finanzprobleme	Glückszahl 7	Wachstum
schlechteste Richtung		viertbeste Richtung
Nordosten	Norden	Nordwesten
Nien Yi	**Ho Hai**	**Sheng Qi**
Gute Beziehungen	Missgeschick	Wohlstand
drittbeste Richtung	viertschlechteste Richtung	beste Richtung

Schillers Wohnhaus

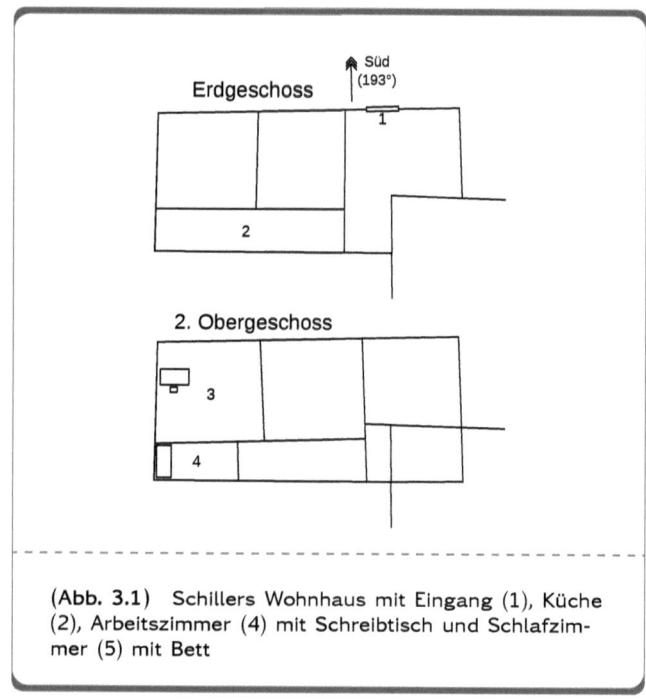

(Abb. 3.1) Schillers Wohnhaus mit Eingang (1), Küche (2), Arbeitszimmer (4) mit Schreibtisch und Schlafzimmer (5) mit Bett

Haus: Blickrichtung 193° Süd 3, Periode 6. Gute Zahlen in Periode 6: 6,7,8,9

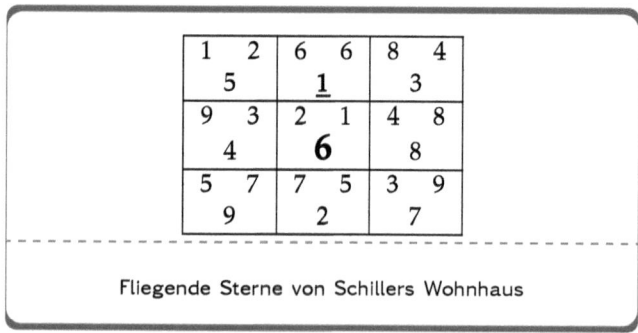

Fliegende Sterne von Schillers Wohnhaus

Schiller erwarb das Stadthaus 1802, drei Jahre vor seinem Tod. Der Kauf brachte für Schiller eine hohe finanzielle Belastung beim Einzug, bei seinem Tod war es immerhin schuldenfrei. Schiller konnte sich trotz eines überaus günstigen finanziellen Angebotes aus Berlin von Weimar nicht trennen, der Grund dafür lag in seiner Freundschaft zu Goethe. Seit seiner Bekanntschaft mit dem Geheimrat hatte sich seine Produktivität trotz seiner seit langer Zeit bestehenden Krankheitsanfälligkeit massiv gesteigert. Die meisten seiner großartigen Theaterwerke entstanden erst nach dem Beginn dieser Freundschaft. Da beide, Goethe und Schiller, Westtypen sind, ist diese Harmonie und gegenseitige Inspiration, trotz aller charakterlichen Gegensätze, nur allzu verständlich.

Das Haus blickt nach Süden und besitzt die Doppelte Sechs. Dies ist überaus günstig für Anerkennung und finanziellen Erfolg.

Eingang im Westen – Wachstum und Inspiration

Im Westen liegt Schillers persönliche Wachstumsrichtung, dies fördert die geistige Produktivität. Ein übermäßiges Einkommen, das einem unendlichen Reichtum garantiert, wird damit aber nicht angezeigt. Man verdient genügend Geld, um den Lebensunterhalt für sich und seine Familie aufbringen zu können, mehr nicht.

Die Zahlen 4 und 8 beherrschen den Eingang. Der Wasserstern 8 ist sehr günstig, er sorgt für Wohlstand. Die Kombination der 8 mit der 4 ist gut fürs Schreiben und für die Kreativität. Wir haben hier durchaus einen Eingang, der eines großen Schriftstellers würdig ist. Da die 4 in der Periode 6 nicht so günstig wirkt, sind allerdings auch Gesundheitsprobleme mentaler und physischer Art zu erwarten.

Arbeitszimmer im Südosten – Krankheit und Verluste

Durch das Fenster dringen die Kräfte des Südostens. So steht das Zimmer hauptsächlich unter dem Einfluss dieser Himmelsrichtung, auch wenn sich der Sektor baulich bedingt im Übergangsbereich zur östlichen Richtung befindet. Der Südosten ist Schillers zweitschlechteste Richtung, sie sorgt für Vitalitätsverluste, Gesundheitsprobleme und Krankheitsanfälligkeit. Beim Arbeiten am Schreibtisch blickte er nach Süden und damit in eine Richtung, die zwar allgemein für Ruhm und Anerkennung steht, aber auch gerade für Schiller zu Streit und Konflikten führt. Beim Schreiben sollte man daher nach Möglichkeit in eine nach der Kua-Formel persönlich günstige Richtung blicken. Goethe blickte übrigens bei seinem Arbeitstisch Richtung Westen, hatte seinen Arbeitsplatz im Südwesten, dies war doppelt günstig. Bei Schiller war alles doppelt ungünstig, so etwas bleibt meist nicht ohne negative Folgen. Man muss schon ein sehr kräftiges persönliches Energiefeld haben, um solche Konstellationen problemlos zu überstehen. Ich kenne solche Fälle, doch sie sind recht selten. Menschen mit geschwächtem Energiefeld sollten diese massive Missachtung der persönlichen Formel unbedingt meiden. Leider sind Körper und Geist und damit die Intuition in Krankheitsfällen oftmals so geschwächt, dass feinstoffliche Störungen einfach nicht mehr wahrgenommen werden. Goethe versuchte Abhilfe zu schaffen, empfahl ihm dringend Heilwasserkuren, die ja die Eigenelektrizität der Blutbahn und damit des gesamten Organismus fördern, aber nach allem, was wir wissen, war Friedrich Schiller ziemlich uneinsichtig. Er war Arzt und als solcher wusste er alles besser und wandte einen Haufen wissenschaftlicher Quacksalberei an – natürlich alles auf dem „neuesten Stand" der Medizin. Diese Therapien waren teilweise kurios und haben seine Gesundheit eher mehr untergraben als gefördert. Schiller arbeitete wegen seinem Lungenleiden zum Beispiel in stickiger Luft, dies galt damals als hilfreich, Goethe riss bei einem Besuch entsetzt die Fenster auf, wäre vom Gestank beinahe in Ohnmacht gefallen.

Die 1 mit der 2 im Südosten ist eher negativ zu werten. Sie sorgt für gesundheitliche Probleme, aber auch für fehlende sexuelle Lust. Zwar war das Arbeitszimmer Schillers grün tapeziert, und diese Farbe ist eigentlich gegen diese Störung eine gute Maßnahme, um den zeitlich bedingt negativen Bergstern 1 und den Wasserstern 2 zu neutralisieren, doch wir wissen seit 2008, dass diese Tapete massiv mit Schwermetall vergiftet war. Schweinfurter Grün hieß der Farbton nach seinem Produktionsort, angereichert waren Schillers Tapeten mit 15 Kilogramm Blei, 5 Kilo Arsen, Quecksilber und Cadmium [Kna13, S. 46]. Diesen Giftcocktail hat Schiller nicht unbeschadet überstanden. Wohngifte sind eine massive grobstoffliche Störung, gegen die feinstoffliche, gut gemeinte Entstörungsmaßnahmen wenig bis gar nichts ausrichten.

Fazit: bitte immer auch die baubiologischen Komponenten bei Gesundheitsstörungen berücksichtigen!

Küche im Norden und Nordosten – Spaß für den Küchenmeister

Die Küche befand sich im Parterre im Norden und Nordosten. Die 5 mit der 7 sorgt für Tratsch und Klatsch. Vor allem die 5 wird symbolisch durch die Energie des Küchenfeuers angeheizt. Kein Wunder also, dass das Dreiecksverhältnis von Schiller mit den beiden Schwestern Charlotte und Caroline lange Zeit Stadtgespräch war, vermutlich mehr noch als die wilde Ehe von Goethe mit seiner Christiane Vulpius.

4 DAS WINTERPALAIS IN WIEN
DIE „HIMMELSPFORTE" DES EDLEN RITTERS PRINZ EUGEN

Der Haupteingang zum Stadtpalais

Prinz Eugen wurde am 18. Oktober 1663 geboren. Seine persönliche Glückszahl ist die Vier. Sein chinesisches Tierkreiszeichen der Hase. Er ist damit ein Osttyp.

Südosten	*Süden*	*Südwesten*
Fu Wi	**Tien Yi**	**Wu Kwei**
Wachstum	Gesundheit	Streit
viertbeste Richtung	zweitbeste Richtung	drittschlechteste Richtung
Osten		*Westen*
Nien Yi	*Prinz Eugen*	**Lui Sha**
Gute Beziehungen	Glückszahl 4	Vitalitätsverlust
drittbeste Richtung		zweitschlechteste Richtung
Nordosten	*Norden*	*Nordwesten*
Chueh Ming	**Sheng Qi**	**Ho Hai**
Finanzprobleme	Wohlstand	Missgeschick
schlechteste Richtung	beste Richtung	viertschlechteste Richtung

Prinz Eugen ist eine der faszinierendsten Persönlichkeiten der europäischen Geschichte. Mir persönlich ist er unglaublich sympathisch. Großmutter und Mutter waren über dieses Kind entsetzt. Klein geraten und hässlich von Gestalt, taugte er nicht als aussichtsreicher Heiratskandidat, und so wurde er früh zum Priesteramt bestimmt. Selbiges hat ihn absolut nicht interessiert. Das Klatschweib jener Zeit, Liselotte von der Pfalz, berichtete über seine ausgedehnten Sex-Abenteuer in Paris unter der Regentschaft Ludwigs XIV. Schnell bekam er jedoch das müßiggängerische Treiben als Priesteranwärter satt. Er wollte zur Armee, er wollte etwas leisten und Abenteuer erleben. Der *Sonnenkönig* lehnte sein Aufnahmegesuch zweimal ab. In einer Nacht- und Nebel-Aktion floh Eugen, verfolgt von den Schergen des Königs, an den Hof des Habsburger Kaisers Leopold I., der damals im Passauer Exil regierte, denn Wien wurde von den Türken belagert. Der Kaiser konnte nicht wählerisch sein, er war für jede Hilfe dankbar. Klar durfte Eugen ihm dienen, weniger klar und überraschend, dieser Winzling wurde zu einem der erfolgreichsten Feldherren und Staatsmänner aller Zeiten. Ein Gigant seiner Zeit. Ihm ist es vermutlich entscheidend mit zu verdanken, dass viele deutschen Gebiete – einschließlich Bayerns – nicht türkisch wurden, dass weite Landstriche von wirtschaftlichen und sozialen Wüsten in blühende Landschaften verwandelt wurden. Er war, wie der österreichische Offizier Alfons von Czibulka in seiner Biographie über Prinz Eugen sicher zu recht titelte: Der Retter des Abendlandes! [Czi63] Zumindest aber war er der Retter der Österreicher.

Sein Aufstieg, seine militärischen Erfolge waren und sind legendär. Als alle Schlachten geschlagen waren, als Frieden und Wohlstand in Österreich, Ungarn und all den anderen Teilen der von den Türken befreiten Gebiete einkehren konnten, widmete er sich der Baukunst, der Landwirtschaft, der Wissenschaft und der Diplomatie, er wurde zur verwaltungstechnischen Seele des Hauses Habsburg. Der oberste Beamte im Staate. Der „heimliche Kaiser", wie ihn Friedrich der Große bezeichnete. Er verschaffte den ehemaligen Soldaten in Friedenszeiten neue Aufträge und neue Arbeit, er war ein Unternehmer großen Stils und klar haben sich all sein Können, all seine Fähigkeiten in seinen Bauten gespiegelt und niedergeschlagen. [Egg10]

Zunächst ist folgendes festzustellen: Aus der Sicht des Feng Shui war Prinz Eugen ein doppelter Osttyp, zunächst durch die Kua Formel, aber auch durch sein chinesisches Tierkreiszeichen, den Hasen, der im Osten regiert. Freilich sind Hasen eigentlich eher Künstler, feinsinnige Wesen. Schiller war Sternzeichen Hase, das passt. Auf Feldherren scheint dies im ersten Moment eher nicht zuzutreffen. Ich persönlich würde eher Drachen oder Pferde – chinesische Tierkreiszeichen, die mehr Energie und Kraft symbolisieren – als potentiell erfolgreiche Feldherren einschätzen. Doch weit gefehlt! Prinz Eugen ist Hase, ebenso wie übrigens Friedrich der Große, ein weiterer hervorragender Stratege. Und das ist gut so. Bei den Chinesen werden Hasen hoch geschätzt, sie stammen der Legende nach vom Mond ab und gelten als unsterblich, denn sie besitzen das geheimnisvolle Lebenselixier. Wallenstein war im chinesischen Horoskop ein Schaf und als solches als Grundherr sehr sozial eingestellt, was wiederum die Grundlage seines immensen Reichtums wurde. Um es kurz zu machen: Feldherrenglück erfordert eher Intelligenz, soziale und künstlerische Fähigkeiten als Testosteron. Die größten und besten Feldherren in der deutschen Geschichte sind dafür ein beredtes Zeugnis.

Sowohl die schicke Villa des Prinzen in Ungarn, als auch sein Palast am Marchfeld sind nach Osten ausgerichtet. Und auch eine seiner wichtigsten Residenzen, sein Stadtpalais im Zentrum Wiens, als auch Belvedere, sein Gartenschloss, tragen diesen Aspekten Rechnung. Prinz Eugen hat instinktiv seine persönliche Formel genutzt.

Fangen wir mit seinem Stadtpalais (heute nennt man es meistens Winterpalais) an. Es wurde später als Finanzministerium genutzt, dabei architektonisch verwüstet, ein Sakrileg wie ich finde! Aber das Gebäude hatte ein gutes Feng Shui. Ich kann die Österreicher schon verstehen, so ein „kleiner" Staat wie Österreich ist dringend auf Geldzufluss und eine solide Finanzbasis angewiesen, wenn es nicht von den Großen geschluckt werden will. Um größeres Unglück zu vermeiden, war das Palais des Prinzen sicherlich eine hervorragende Wahl.

5 8	1 3	3 1
1	6	8
4 9	6 7	8 5
9	2	4
9 4	2 2	7 6
5	7	3

Fliegende Sterne von Prinz Eugens Stadtpalais

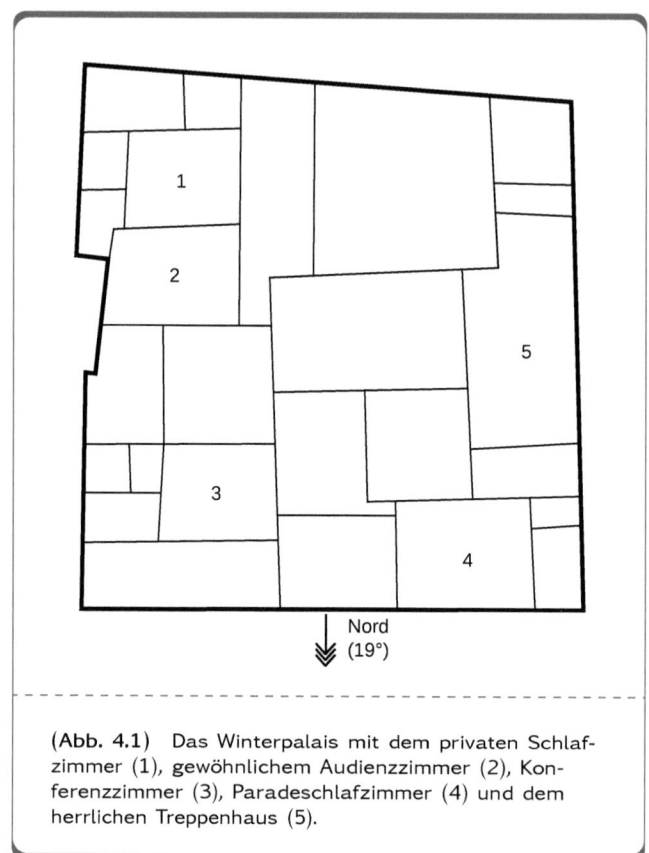

(Abb. 4.1) Das Winterpalais mit dem privaten Schlafzimmer (1), gewöhnlichem Audienzzimmer (2), Konferenzzimmer (3), Paradeschlafzimmer (4) und dem herrlichen Treppenhaus (5).

Der dreifach günstige Eingang im Norden

Im Norden, der Blickrichtung des Hauses, befindet sich wieder der Periodenstern 2 doppelt. Das klassische Erfolgsmodell, das wir schon zweimal sahen und das uns noch öfter begegnen wird. Die doppelte Zwei steht für fulminante Erfolge und Leadership. Eine Führungskraft wohnt in einem solchen Gebäude! Die doppelte Zwei steht aber auch noch für die Fähigkeit zum strategischen Planen, und die hat Prinz Eugen wie kein Anderer besessen.

Er war ein unglaublich erfolgreicher Heerführer, er gewann, wo niemand es für möglich hielt. Gemäß der Grundmatrix steht ein Eingang im Norden für Karriereglück und ganz nebenbei ist der Norden auch noch die persönliche Wohlstandsrichtung von Prinz Eugen. So machte er Karriere und wurde dabei auch noch sehr begütert. Die Zuwendungen für den ersten Mann des Staates hinter dem Kaiser waren nicht gering. Auf seine alten Tage wurde Prinz Eugen nicht nur ein sehr geachteter, sondern auch ein sehr vermögender Mann.

Das Audienzzimmer befindet sich ebenfalls im Norden über dem Eingang, es profitiert dadurch in dreifacher Hinsicht. Aus der Sicht der Grundmatrix liegt der Eingang günstig, ebenso aus der Sicht der persönlichen Formel und auch aus der Sicht des Flying Star Feng Shui. Der Eingang liegt also dreifach günstig! Dies erklärt auch aus der Sicht des Feng Shui den ungeheuren Erfolg und die Popularität des Prinzen. Man kann sein Leben als nahezu perfekt bezeichnen!

Die Titanen im Treppenhaus

Schlafzimmer im Nordwesten – Erfolg im strategischen Handeln

Das Paradeschlafzimmer liegt im Nordwesten, der besten Platzierung, die das Schlafzimmer für eine große, wichtige Persönlichkeit haben kann. Unabhängig von der persönlichen Formel ist dies grundsätzlich eine günstige Platzierung. Die 7 und die 6 fördern das wettbewerbsorientierte Arbeiten, und Prinz Eugen war nicht nur ein sehr guter Militärstratege, er war auch ein hervorragender Diplomat. Eigentlich müssten die negativen Aspekte dieser Zahlenkombination in Periode 2 zum Vorschein treten, dies wären Verletzungen vor allem durch metallische Gegenstände und Raub. Doch nichts der gleichen passierte. Acht Jahre nachdem der Palais erbaut wurde, eroberte er

Belgrad. Prinz Eugens Leben war eine einzige Erfolgsstory. Wenn der Doppelstern in der Blickrichtung eines Gebäudes auftaucht, gilt dies im Feng Shui als grundsätzlich sehr positives Omen. Die negativen Aspekte anderer Bereiche werden von dieser Konstellation überstrahlt. Allen Bewohnern eines solchen Hauses geht es dann gut, unabhängig davon, was die übrigen Felder des Hauses für gute oder schlechte Qualitäten generieren. Dass an dieser Theorie etwas dran ist, bestätigt Prinz Eugen mit seiner Biographie.

Das private Schlafzimmer liegt im Südosten, der Richtung des Prinzen für persönliches Wachstum. Dies sorgt für guten, erholsamen Schlaf. Das Arbeitszimmer liegt im Osten und sorgt für gute Beziehungen. Insgesamt hatte das Haus ein sehr gutes Energiefeld, das durchaus mit dem Erfolg seines Bewohners korrespondiert. Gesundheitliche Schwierigkeiten, vor allem in späteren Jahren, hatte Eugen dennoch, das liegt mit an der Kombi 5 und 8, die sich trotz doppelter Zwei wohl nicht ganz ausschalten lies.

Arbeitszimmer im Nordosten – Intelligenzbestien und Bücherwürmer

Eugens Konferenzzimmer und Arbeitszimmer fördern die Kreativität, sind also gut für Schreibarbeiten, sorgen für Akademischen Erfolg und damit auch für erfolgreiche diplomatische Korrespondenz. Die 4 mit der 9 wird weiter als Hinweis auf abweichende Sexualität gewertet, eine Einschätzung die für den Prinzen vermutlich zutrifft. Und natürlich deutet die 9 mit der 4 auf Wissbegierde hin, sie ist gut für Studenten. Und studiert hat Prinz Eugen fleißig, er war ein Bücherwurm. Seine Bibliothek war eine der größten und kostbarsten seiner Zeit. Die meisten Bücher darin soll er tatsächlich gelesen haben. Er korrespondierte mit Leibniz, selbiger widmete ihm eines seiner Bücher, und Rousseau war bei ihm längere Zeit zu Gast. Prinz Eugen war nicht nur ein großer Feldherr, er war, passend zu seinem Tierkreiszeichen Hase, ein umfassend gebildeter Mann und einer der größten Baumeister des Barock. Sein Sommersitz, das Belvedere, gehört zu den großartigsten Bauwerken seiner Zeit.

5 SOMMERSITZ BELVEDERE
EUGENS BRÜLLENDER LÖWE

Blick vom Park zum Unteren Belvedere.

Belvedere, der Sommersitz des Prinz Eugen, ist eine der großartigsten Barockanlagen der Welt. Wie kaum ein anderes Gebäude ist es Abbild und Symbol der Größe, Einzigartigkeit und Schönheit Österreichs. Fast kein anderes Land hat so viel „Demokratie" in der Baukunst hervorgebracht. Als Untergebener in der Gigantomanie eines Herrschers zu bauen, das war wohl nur hier möglich. Das Belvedere unterteilt sich in zwei große Gebäudekomplexe: das Untere Belvedere, im Jahr 1716 fertiggestellt, und das Obere Belvedere, 1720 bis 1723 erbaut. Das Gebäude befindet sich wiederum in der Periode 2. Der Chart ist derselbe wie beim Stadtpalais. Zufahrt, Eingang und öffentliche Straße befinden sich wieder im Norden. Dies ist schon mal sehr günstig.

Von Interesse ist dabei vor allem das Untere Belvedere. Das Obere Belvedere diente nur zu Repräsentationszwecken. Das Schlafzimmer im Unteren Belvedere behielt Prinz Eugen sein Leben lang bei. Hier soll er auch gestorben sein. Gegenüber dem Stadtpalais ergibt sich eine interessante Änderung: Das Schlafzimmer befindet sich im Südbereich, der zweitbesten Richtung (Gesundheit) des Prinzen.

Sommersitz Belvedere

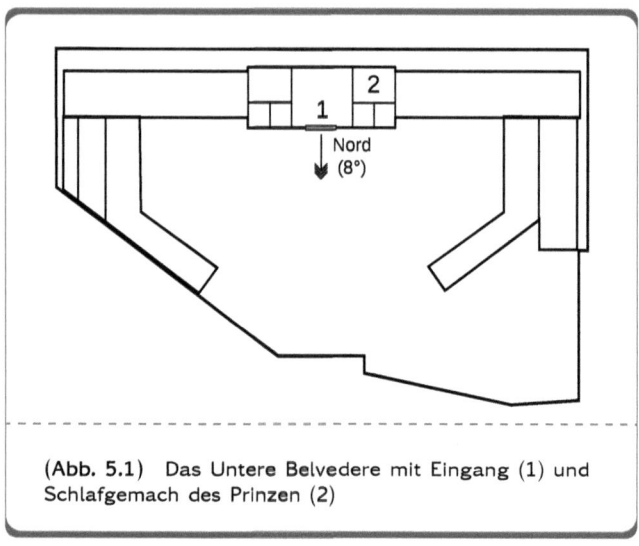

(Abb. 5.1) Das Untere Belvedere mit Eingang (1) und Schlafgemach des Prinzen (2)

Der Flying Star Chart weist mit der Kombination 1 und 3 sehr günstige Bedingungen auf. Beide Sterne sind sehr positiv zu werten in der Periode 2. Besser geht es nicht. Die 1 sorgt für Wohlstand, Geld, Ruhm, Weisheit und philosophischen Verstand, die 3 für Wohlstand, Fülle Wachstum und Führungsqualitäten. Eigenschaften, über die allesamt der Prinz in hohem Maße verfügte und die im realen Leben überaus selten sind. Feng Shui macht höchstens ein Drittel des Erfolges eines Menschen aus. Es wäre vermessen, die 1 mit der 3, den Flying Star Chart, als Ursache für seinen hohen künstlerischen Genius, seinen philosophischen Sachverstand, seine universelle Gelehrsamkeit zu benennen. Prinz Eugen war eines der seltenen Universalgenies, das „Urbild des abendländischen Menschen", wie Czibulka [Czi63] ihn nannte. Von diesem *Urbild* gibt es zweifellos viel zu wenige bei uns und ebenso zweifellos ist manches im Menschen durch ein günstiges Schicksal angelegt, aber die 1 und die 3 haben diese Anlage, diese günstigen Talente auch nicht behindert sondern im Gegenteil noch gestärkt und befördert, und darauf kommt es im Feng Shui nicht wenig an. Das Schlafzimmer befindet sich im westlichen Teil des Südens, dies ist kein Malheur. Hier herrscht der Bergstern 3 mit dem Wasserstern 1, beide generieren ein ähnlich gutes und brauchbares Energiefeld wie der Süden. Die große Wasserfläche im Süden der Gartenanlage war zur damaligen Zeit energetisch besonders günstig.

Sommersitz Belvedere

Der große Brunnen auf halbem Weg vom Unteren zum Oberen Belvedere.

Der Wasserstern 3 unterstreicht den Führungsanspruch des Prinzen eindrucksvoll. Prinz Eugen war auch, wie viele erfolgreiche Menschen, ein großer Liebhaber der Natur und der Tiere. Tiere gut zu behandeln, gut zu halten, gibt gutes Feng Shui. Ein Löwe, das Geschenk des Königs von Frankreich, soll es dabei dem Prinzen besonders angetan haben. In den letzten Tagen seines Lebens, als er im Sterben lag, hatte Eugen keine Kraft mehr, sein Schlafzimmer zu verlassen und das Tier zu besuchen. Der Löwe vermisste seinen Besitzer sehr und fraß nichts mehr, lief nur noch unruhig im Käfig hin und her. Am Sterbetag gegen drei Uhr morgens stieß der Löwe ein furchtbares Gebrüll aus, wie der besorgte Tierwärter berichtete, kurz danach läutete das Sterbeglöckchen und das Licht im Schlafzimmer Eugens ging aus, da wusste der Wärter, dass sein Arbeitgeber verstorben war. Dies berichtet sein Biograph Hugo von Hofmansthal. Es gibt eine geheime Verbindung, ein geheimes Agens, das Mensch und Tier, eigentlich die gesamte Schöpfung, miteinander verbindet. Auch Pflanzen und selbst tote Gegenstände haben ein Empfindungsvermögen und können mit uns korrespondieren [Hut03]. Das ist mit ein Grund für die starke Wirksamkeit des Feng Shui.

Sybille als Göttin der Weisheit im Park, stilecht mit den Vögeln der Weisheit, einem Paar Krähen.

6 FRIEDRICH DER GROSSE UND SEIN SANSSOUCI
Der dionysische Weinberg der Sorglosigkeit

Geboren am 24. Januar 1712 gehört Friedrich der Große zum chinesischen Tierkreiszeichen Hase. Seine Glückszahl ist die 1, er ist damit ein Osttyp und zwar wieder in doppelter Hinsicht, wie auch sein großes Vorbild, Prinz Eugen.

Südosten **Sheng Qi** Wohlstand beste Richtung	*Süden* **Nien Yi** Gute Beziehungen drittbeste Richtung	*Südwesten* **Chueh Ming** Finanzprobleme schlechteste Richtung
Osten **Tien Yi** Gesundheit zweitbeste Richtung	*Friedrich der Grosse* Glückszahl 1	*Westen* **Ho Hai** Missgeschick viertschlechteste Richtung
Nordosten **Wu Kwei** Streit drittschlechteste Richtung	*Norden* **Fu Wi** Wachstum viertbeste Richtung	*Nordwesten* **Lui Sha** Vitalitätsverlust zweitschlechteste Richtung

Als Kronprinz residierte er in Rheinsberg. Das Gebäude war nach Osten ausgerichtet, der Eingang war im Osten, seine Zimmer befanden sich im Süden, Südosten, hauptsächlich in den für ihn positiven Richtungen. Im Berliner Stadtschloss, im Potsdamer Stadtschloss, im Schloss Charlottenburg und im Neuen Palais bezog er immer die Ostzimmer. Feng-Shui-mäßig betrachtet hatte er also einen guten Instinkt! Und natürlich hat er in seinem Lieblingsschloss Sanssouci, in dem er sich die meiste Zeit seines Lebens aufhielt – wenn er nicht gerade mal wieder auf Kriegszug war – seine Suite im Osten eingerichtet.

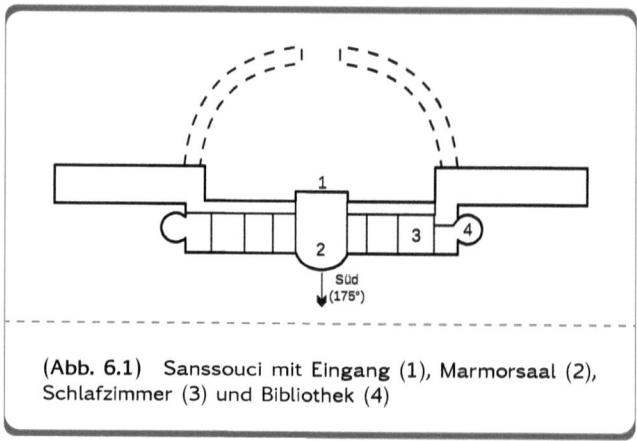

(Abb. 6.1) Sanssouci mit Eingang (1), Marmorsaal (2), Schlafzimmer (3) und Bibliothek (4)

Im Jahr 1747 fertiggestellt, gehört das Gebäude der Periode Vier an.

1 7 3	5 3 **8**	3 5 1
2 6 2	9 8 **4**	7 1 6
6 2 7	4 4 9	8 9 5

Fliegende Sterne von Schloss Sanssouci

Gute Sterne in Periode 4 sind die 4,5,6,2 und die 7. Den schönsten Ausblick hat das Schloss Richtung Süden, dazu kommen die vielen großen Fenster in Richtung Süden, sodass das Gebäude als Süd-2-Gebäude einzuschätzen ist. Aber selbst wenn das Gebäude aufgrund der Lage des Einganges nach Norden blicken würde, hätten wir wieder die Doppelte Vier als besonders glücksbringend am Eingang. Der Chart eines Nord-2- und eines Süd-2-Gebäudes sind recht ähnlich und direkt diametral austauschbar. Siehe dazu die Charts im Anhang.

Die Doppelte Vier am Eingang sorgt für Glück. Fortuna ist seinen Bewohnern hold. Darüber hinaus ist es der Marker schlechthin für

Geistigkeit, künstlerische Kreativität und Erfolg als Schriftsteller. Außerdem sorgt die Doppelte Vier dafür, dass Eros, der Sohn der Venus, seines Amtes waltet. Eine weitere Gottheit des Südostens, die mit den Qualitäten der Zahl Vier in Verbindung steht, ist Bacchus/-Dionysos. Sehr passend zum Weinberg, den Friedrich erwarb, um sein Schloss dort zu erbauen und Glück zu finden. Der Weinstock ist die Heilige Pflanze des Dionysos. Auch Goethe hat mit seinem Gartenhaus an der Ilm einen ehemaligen Weinberg übernommen, aber die Klimakapriolen der damaligen Zeit (sog. Kleine Eiszeit) haben eine Fortführung als Weinberg verhindert. Goethe pflanzte stattdessen Äpfel, Birnen und andere kälteresistentere Obstsorten. Im Grundchart des Feng Shui, dem Lo-Shu-Qadrat, steht die 4 ja im Südosten und damit im Herrschaftsbereich von Venus, der Göttin der Liebe. Kunst, Kultur und Eros gehören nun mal zusammen. Da Friedrich der Große nach allem was wir wissen ausschließlich homoerotisch orientiert war [Bur12] und selbiges recht verschwiegen gehandhabt wurde, drang wenig über seine Amouren nach außen. Doch gegeben haben dürfte es sie, die Doppelte Vier spricht für Liebesglück.

Schlafzimmer und Arbeitszimmer – Erfolg und Isolation

Das Schlaf- und Arbeitszimmer Friedrichs befand sich im Südosten seiner persönlich besten Richtung. Der Wasserstern 7 ist in der Periode 4 grundsätzlich als günstig zu werten. Aber ein guter Wasserstern im Schlafzimmer sorgt eben auch für Unruhe, und so musste Friedrich der Große sein Leben lang in den Krieg ziehen. Die 7 steht in der Periode 4 für Wohlstand, Wortgewandtheit und gute Intuition. Über all diese Fähigkeiten verfügte der König.

Die 1 zeigt von der Grundtendenz her eher positive Entwicklungen an, nur in der Periode 4 wirkt sie eher ungünstig und bringt Gewalt, massive Probleme aber auch Isolation. Friedrich der Große lebte in seinen letzten Jahren ziemlich vereinsamt in Sanssouci, nur von seinen treuen Hunden bewacht. Als er röchelnd im Sterben lag, soll er einem seiner Diener, der sich gewaltige Sorgen um seinen König machte, noch befohlen haben, sich doch bitte um seinen vor Kälte schlotternden Hund zu kümmern und selbigen mit einer Decke zu wärmen. Hunde waren zum Ende seines Lebens fast seine einzigen Freunde, die er noch in seiner Umgebung duldete und um die er sich noch in der Todesstunde sorgte.

Maria Theresia war zeit ihres Lebens einem ähnlichen Energiefeld wie Friedrich II. ausgesetzt. Auch sie hatte um den Fortbestand ihres Reiches zu kämpfen. Eigentlich bedrohten sich Friedrich und Maria Theresia fast ein Leben lang gegenseitig, ein jeder musste vor der Vernichtung durch den anderen Angst haben. Dazu passt sehr gut der Stern 7, dieser steht für Raub. Und für beide Seiten standen oftmals die Chancen gut, den Gegner zu vernichten und auf beiden Seiten konnte diese Chance nicht genutzt werden. Eine typische Pattsituation, die sich aus der Sicht des Feng Shui leicht erklären lässt. Beide hatten das gleiche Energiefeld. Keiner konnte dadurch einen Vorteil gegenüber dem Gegner erlangen.

Die Artemisiastatue im Schlosspark von Schönbrunn.

Auch Maria Theresia fühlte sich auf ihre alten Tage recht einsam. Ihr über alles geliebter Mann, viele Freunde und Vertraute waren schon lange vor ihr verstorben. So blieb sie allein und musste sich mit ihrem störrischen Sohn und Mitregenten Joseph II. herumärgern. Leider hat sie die Regentschaft ihres zweiten Sohns Leopold II. nicht mehr erlebt, er regierte mit mehr Weisheit und Augenmaß, zuvor in der Toskana und zuletzt in Wien. Er war ihr erklärter Liebling. Seine

Regentschaft hätte ihr das Alter sicher mehr versüßt. Die Statue der antiken Königin Artemisia im Park von Schönbrunn zeigt selbige mit der Urne ihres verstorbenen Mannes, aus der sie täglich ein Stück seiner Asche mit Wasser vermischt trank, weil sie sich nicht von ihm trennen konnte und so ihren eigenen Leib zu seinem Grabmal machte. Das Volk hat diese Statue nicht zu unrecht auf das Schicksal Theresias, ihre Einsamkeit im Alter, bezogen. Ein Schicksal, das auch Friedrich dem Großen in ähnlicher Weise nicht erspart blieb. Das alles ist natürlich sehr traurig, wenden wir uns daher den fröhlicheren Aspekten des Südens zu.

Der Süden – Marmorsaal mit Tafelrunde

Der Süden steht für Ruhm und Anerkennung, gesellschaftlichen Kontakt und er ist nach der Kua-Formel die Beziehungsrichtung des Königs. Da passt es ganz gut, dass das Speisezimmer des großen Monarchen, der Marmorsaal, in dem sich seine berühmte Tafelrunde traf um zu dinieren, im Süden lag. Unter anderem Voltaire und der von mir sehr geschätzte La Mettrie waren hier zu Gast. Für La Mettrie mit seiner wohl immer noch gültigen kritischen Einstellung zur Ärzteschaft war der Hof Friedrichs die letzte Zuflucht. Dieser Aufklärer wurde nirgendwo mehr geduldet, und auch heute noch wird er gemobbt, ist er ein großes Tabu, wird bösartig fehlinterpretiert und immer noch mit Hass verfolgt von vielen unredlichen, sogenannten Intellektuellen [La 04]. Friedrich der Große hat ihm als einziger Unterkunft gewährt. Dies ist sein großes Verdienst. Allein dieses Beispiel zeigt, dass Friedrich der Große ein überdurchschnittlicher und unter vielerlei Aspekten sympathischer Mensch war. Voltaire war der Lieblingsautor Friedrich des Großen. Ihn und La Mettrie zu lesen lohnt sich nach wie vor.[1] Was ich dagegen von anderen sogenannten Aufklärern vor allem deutscher Provenienz halte, darüber möchte ich jetzt lieber nicht schreiben. Geistig nach Sanssouci zu reisen, den intellektuellen Spuren Friedrichs und seiner Gäste zu folgen lohnt sich durchaus. Das gibt gutes Feng Shui.

Allerdings residiert im Süden auch der Streitstern 3, und der führt im Gegensatz zum positiv wirkenden Wasserstern 5 (die 5 steht in der Periode 4 für Ruhm und Wohlstand) zu Streit und Ärger und

---

[1] Ich denke da nicht zuletzt auch an sein Theaterstück Mahomet, dessen Thematik aktueller als je zuvor ist.

stört doch etwas das Beziehungsglück, die Harmonie unter Geistesfreunden, die mit dem Süden für den König eigentlich gegeben sind. Und so kommt es zum Streit mit Voltaire, samt späterer Versöhnung und es kommt zum Schreibverbot (!) für La Mettrie, das dieser schlau umgeht, was natürlich den König recht erbost hat. Kurz nach dem Schreibverbot verstarb La Mettrie unter merkwürdigen Umständen. La Mettrie war der am meisten gehasste Aufklärer seiner Zeit und ist es immer noch. Warum das so ist, warum der König ein Schreibverbot auferlegte, das zu erforschen ist mehr als interessant und könnte so manchen geistigen Schläfer um seine unverdiente Ruhe bringen. Ich kann in diesem Zusammenhang nur auf die Übersetzung und Kommentierung La Mettries durch Bernd A. Laska verweisen.

In der Schule, allgemein im Bildungswesen, werden Sie über die geistigen Implikationen dieser Zeit aus gutem Grund nie etwas erfahren. Selbstaufklärung tut Not. Genauso wenig übrigens, wie über die im Auftrag Friedrichs übersetzte Lebensbeschreibung des Apollonius von Tyana (antiker Philosoph, 40 bis 120 n.Chr.), aus der Feder Plutarchs. So mancher fundamentalistische Christ wäre uns vielleicht erspart geblieben, wenn diese Schrift bekannter wäre. Eigentlich sollte sie zur Allgemeinbildung gehören. Sanssouci und Friedrich der Große sind ein Stück bester deutscher und damit europäischer Geistesgeschichte, sich diesem Energiefeld auszusetzen ist, ich kann es nicht oft genug sagen, ein Gewinn. Wer einen „Ort der Kraft" aufsuchen will, der ist hier gut aufgehoben.

Friedrich der Große als Feng Shui Experte

Im Grunde war König Friedrich ein Feng Shui Experte. Das geht damit los, dass er seine Hunde frei in Haus und Garten herumlaufen ließ (übrigens genauso wie sein Lieblingspferd, Letzteres allerdings nur im Garten). Dies gibt gute Energien und ist eine wichtige Feng Shui Grundregel! Hunde geben gutes Feng Shui, wer keine lebenden Hunde hat sollte Statuen selbiger in seinem Haus oder wenigstens am Eingang aufstellen. Sie sind Yang-Energie pur.

Am Eingang von Friedrichs Sanssouci stehen als Wächter allerdings keine Hunde, er hatte ja genug von ihnen in lebender Form, sondern die Statuen von Mars und Merkur. Diese symbolisieren Krieg beziehungsweise Durchsetzungskraft und Geistigkeit, die beiden Pole in Friedrichs Leben. Friedrich der Große war außerdem ein großer Flötenspieler, die Flöte war sein Lieblingsinstrument, er hat etliche

Konzertstücke dafür selbst komponiert. Auch das ist Feng Shui pur, denn die Flöte ist ein klassisches Entstörungsinstrument, durch ihre Röhrenform verwandelt sie stagnierende Energien in positives Chi. Gespielt wurde täglich. Dies beseitigt alles Negative. Im Feldlager ließ er sich um vier Uhr in der Frühe wecken, um als erstes eine Stunde Flöte zu spielen. So etwas ist durchaus nachahmenswert. Auch sein Lieblingshund begleitete Friedrich in sein Feldlager. Eine Geschichte erzählt, dass er bei einem Erkundungsausflug, allein nur von seinem Hund begleitet, beinahe von feindlichen Gruppen gefunden worden wäre. Mit seinem mucksmäuschenstillen Hund versteckte er sich unter einer Brücke. Hunde, übrigens auch Katzen, wehren negative Energien ab, allein ihre Anwesenheit erzeugt eine Frequenz, die uns oftmals vor Schlimmerem bewahrt. Dies ist ein Wissen, das nicht nur im Feng Shui lebt, auch westliche Hellsichtige berichten darüber. So zum Beispiel Monica Hackl in ihrem Buch: Der magische Haushalt; München 2007. Ihr Wissen hat sich auch in meinem Leben immer wieder bestätigt.

Natürlich standen auch Büsten geistiger Vorbilder in Friedrichs Appartement, unter anderem die Büste von Marc Aurel, dem großen Kaiser und Philosophen, der seinen Untertanen ein glückliches Zeitalter bescherte. Im Osten hat Friedrich beim Blick aus seiner Bibliothek die Statue eines jungen Burschen aus der Hand des Bildhauers Boidas (300 vor Christus) betrachten können, der heute wegen seiner erhobenen Hände als „Betender Knabe" bezeichnet wird. Zur Zeit Friedrichs hielt man ihn aber für Antinous, den Liebling des Kaisers Hadrian. Diese Statue war damals genauso bekannt wie heute noch die Venus von Milo. Friedrich der Große besaß sie im Original, er hatte sie über Mittelsmänner aus dem ehemaligen Besitz des Prinzen Eugen erhalten. Heute steht das wertvolle Original im Museum und eine gute Kopie ziert den Park. Ein Jüngling im Osten stärkt die Energien dieses Sektors nach den Regeln des Feng Shui auf das Prächtigste, er sorgt für Selbstvertrauen, Power, Durchsetzungsvermögen und Souveränität.

Friedrich der Große war nebenbei ein Calvinist, ein Positivdenker par excellence. Er hatte auch deswegen als junger Prinz viel Streit mit seinem lutheranisch ausgerichteten Vater! Calvinismus wurde nicht zu unrecht von Kunisch als Religion der erfolgreichen Unternehmer bezeichnet. Bekannte Calvinisten und damit Positivdenker aus Amerika sind zur Zeit Robert R. Schuller und Norman Vincent Peale.[2]

---

[2] Siehe zum Beispiel [Sch87]

Wer Negatives hinter sich lassen und sich positiv neu programmieren will ist mit deren Schriften gut beraten. Ein weiterer erfolgreicher, allerdings auch stark polarisierend wirkender Calvinist der Gegenwart ist Donald Trump, auch seine Schriften, seine Managementtipps und Erfolgsrezepte sind durchaus interessant und stehen in einer recht langen Tradition, die unter anderem mit Friedrich dem Großen begann. Die jüngste Schwester von König Friedrich, Amalie, wollte übrigens nicht Königin von Schweden werden, sie hätte dafür ihren calvinistischen Glauben aufgeben und zur Protestantin werden müssen. Amalie hatte sicher gute Gründe dafür, dies nicht zu wollen. Gedanken sind Kräfte. Und ein mieses Denkumfeld zieht einen selbst nur hinunter. Es ist ein offenes Geheimnis, dass der obrigkeitshörige Protestantismus nicht wenig zur Misere des Kaiserreiches und des Dritten Reiches beitrug.

Friedrich der Große hat es mit seinem Leben exemplarisch bewiesen: positives Denken schafft Erfolg. Niemand, wirklich niemand gab einen Pfifferling darauf, dass er die geballte Ansammlung seiner Gegner im Siebenjährigen Krieg überstehen würde, dennoch geschah es, das „Wunder des Hauses Brandenburg".

7 SCHLOSS SCHÖNBRUNN
WARUM WIR HEIDEN BLEIBEN WOLLEN[1]

Schloss Schönbrunn

Schloss Schönbrunn wurde in den Jahren 1743 bis 1749 umgebaut und im Wesentlichen neu gestaltet, es gehört der Periode 4 an, die von 1744 bis 1763 dauerte. Gute Sterne sind: 4,5,6,2,7

Maria Theresia ist am 13.5.1717 geboren, ihre Kua-Zahl ist die 2, Tierzeichen Hahn. Sie ist damit ein doppelter Westtyp.

---

[1] „Wir wollen Heiden! bleiben, es lebe das Heidentum." Das Zitat stammt von Goethe und ist nachzulesen bei Biedermann [BH71, S. 16]. Dieser Ausspruch könnte auch als Motto über dem Eingang zum Schloss Schönbrunn stehen!

Schloss Schönbrunn

Südosten **Wu Kwei** Streit drittschlechteste Richtung	Süden **Lui Sha** Vitalitätsverlust zweitschlechteste Richtung	Südwesten **Fu Wi** Wachstum viertbeste Richtung
Osten **Ho Hai** Missgeschick viertschlechteste Richtung	*Maria Theresia* Glückszahl 2	Westen **Tien Yi** Gesundheit zweitbeste Richtung
Nordosten **Sheng Qi** Wohlstand beste Richtung	Norden **Chueh Ming** Finanzprobleme schlechteste Richtung	Nordwesten **Nien Yi** Gute Beziehungen drittbeste Richtung

Ihr Ehegatte Franz Stephan von Lothringen hat mit seinem Geburtsdatum vom 8.12.1708 die Kua-Zahl 4.

Südosten **Fu Wi** Wachstum viertbeste Richtung	Süden **Tien Yi** Gesundheit zweitbeste Richtung	Südwesten **Wu Kwei** Streit drittschlechteste Richtung
Osten **Nien Yi** Gute Beziehungen drittbeste Richtung	*Franz Stephan von Lothringen* Glückszahl 4	Westen **Lui Sha** Vitalitätsverlust zweitschlechteste Richtung
Nordosten **Chueh Ming** Finanzprobleme schlechteste Richtung	Norden **Sheng Qi** Wohlstand beste Richtung	Nordwesten **Ho Hai** Missgeschick viertschlechteste Richtung

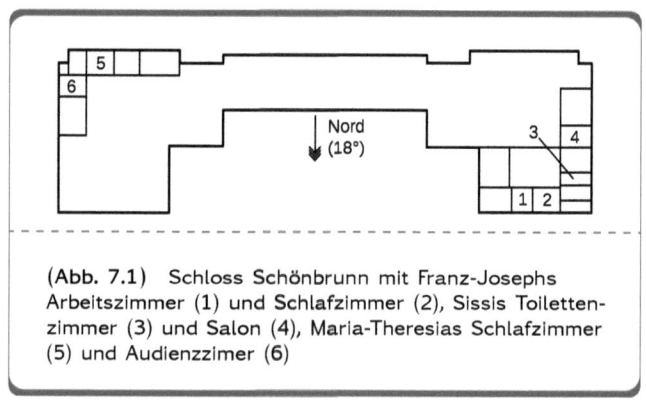

(Abb. 7.1) Schloss Schönbrunn mit Franz-Josephs Arbeitszimmer (1) und Schlafzimmer (2), Sissis Toilettenzimmer (3) und Salon (4), Maria-Theresias Schlafzimmer (5) und Audienzzimer (6)

Schönbrunn war die Sommerresidenz von Maria Theresia, der ältesten Tochter von Karl VI., dem Sonnenkaiser, wie ihn seine Verehrer nannten. Seine Tochter hatte das Schloss schon als Kronprinzessin von ihrem Papa geschenkt bekommen. Es war zeit ihres Lebens ihr bevorzugtes Quartier, das im Frühjahr sobald als möglich bezogen wurde. Das Schloss Schönbrunn ist ein Nord-3-Haus der Periode 4. Der Flying Star Chart Schönbrunns:

7 1	3 5	5 3
3	8	1
6 2	8 9	1 7
2	**4**	6
2 6	4 4	9 8
7	<u>9</u>	5

Fliegende Sterne von Schloss Schönbrunn

Kinderglück und Charakterstärke

Die Grundmatrix offenbart sehr interessante Aspekte. Zunächst einmal ist Schönbrunn wie damals üblich ein Tempel im Sinne der heidnischen Antike. Das ist umso erstaunlicher als Maria Theresia ansonsten eine gläubige und auch glückliche Katholikin war. Um das geistige Motto Schönbrunns zu verstehen müssen wir einen Blick zurück in die Geschichte werfen. 1482, ein Jahr vor dem Untergang des Byzantinischen Reiches, verstarb Plethon, der letzte große griechische Philosoph in der Tradition Platons. Er hatte zur Rettung des Byzantinischen Reiches aus gut erwogenen, philosophischen Gründen, als einzig gangbares Mittel, die Rückkehr zum Heidentum empfohlen. In Byzanz wurde sein Anliegen nicht gehört, seine Bücher vom Patriarchen verbrannt. Es wurde also reagiert, wie es von totalitären, menschenfeindlichen Systemen nicht anders zu erwarten war. Anders in Westeuropa, anders im Vatikan. Kardinal Bessarion war einer der gelehrigsten Schüler Plethons. Er brachte seine Schriften und damit einen wichtigen Impuls für die Renaissance nach Italien. Kurz danach entstanden die berühmten Gemälde Botticellis in Florenz: Der Frühling und Die Geburt der Venus, eine Huldigung an die Venus Urania, die Göttin der Natur, des Dichters Lukrez, und von da an trat das Abendland einen geistigen und kulturellen Siegeszug an, der in der Geschichte der Menschheit einzigartig ist und bis heute noch nicht aufgehört hat. Aus der Sicht des Feng Shui ist dies kein

Zufall. Und an diesem Siegeszug hat auch Maria Theresia, als „gute Katholikin", mitgewirkt.

Der Park von Schönbrunn ist wie so viele Barockgärten eine einzige Huldigung an die antiken Götter. Das interessanteste heidnische Objekt steht dabei im Südosten des Schönbrunner Parks. Der Schöne Brunnen, so heißt die Quelle, dient als Namensgeber für Schloß und Park und wurde der Göttin Egeria geweiht, der Geburtshelferin für Frauen und Weggefährtin der Göttin Diana.

Die Dianastatue im Schlosspark

Eine der letzten Handlungen von Maria Theresia war übrigens kurz vor ihrem Tod den Hofgästen voller Stolz die neue Artemisstatue (=Diana) im Garten von Schönbrunn vorzustellen. Dies geschah am 8. November 1780, am 29. November ist sie dann verstorben. Der Darstellung des Kultes der Göttin Diana und ihrer Gefährtin Egeria im Heiligen Hain von Nemi hat der Ethnologe James George Frazer ein ganzes Buch mit über 1000 Seiten gewidmet und Jahre seiner Forschung geopfert. Egeria und Diana sind wirklich uralte Göttinnen, Archetypen par excellence. Der Titel des Buches lautet: Der Goldene Zweig. Daran kann man erkennen, mit was für wichtigen und mächtigen Göttinnen wir es, kulturphilosophisch betrachtet, bei diesem Göttinnenduo zu tun haben.

Geburtsglück steht mit dem Tempel für Egeria in Schönbrunn somit als Thema massiv im Vordergrund. Maria Theresia hat im laufe ihres Lebens über 16 Kindern das Leben geschenkt, dass es heute noch Habsburger gibt ist ausschließlich ihr zu verdanken. Sie war die Letzte ihres Geschlechts und dabei Mutter mit Leib und Seele. „Man kann gar nicht genug davon haben, in diesem Punkt bin ich unersättlich" erklärte sie. [Her04, S. 31]. Auch die spätere Kaiserin Maria Ludovica, die Frau ihres Sohnes Leopold II., sollte über 16 Kinder haben. Ihre Tochter Maria Karolina brachte es gar auf 18 Kinder! Die Weihe der Quelle an die Göttin Egeria geschah sicherlich mit Bedacht und ist eine wunderschöne Hommage an Maria Theresia und die lebensfröhlichen Frauen des Hauses Habsburg.

Egeria-Brunnen

Maria Theresia war auch als Staatschefin der Inbegriff der Mütterlichkeit, als liebenswertes, warmherziges Wesen voller Grazie, Sweetness, Leutseligkeit, Güte, Weisheit wird sie von ihren Zeitgenossen euphorisch gefeiert. Sie war vermutlich eine der sympathischsten

Herrschergestalten der Geschichte. Sie war „die erste Dame Europas". Friedrich II., ihr großer Gegenspieler und kategorischer Frauenverächter, bekannte ohne Neid: „Sie hat ihrem Thron und ihrem Geschlecht Ehre gemacht". Ihre Biographie zu lesen lohnt sich, von ihrem guten Wesen strahlt dabei vieles auf den Leser ab. Ein besseres geistiges und menschliches Vorbild dürften wir in der Geschichte kaum finden.

Tierpark und Rosengarten – Reichtum und Eheglück

Und auch ein anderer Sektor verdient noch unsere besondere Beachtung: der Südwesten. Diese Richtung steht für die Matriarchin, die Clanchefin und für eine glückliche Ehe. Und auch in diesem Punkt ist Schönbrunn sehr gut gestaltet. Der Rosengarten findet sich dort. Rosen mit ihrer Feuerenergie stärken das Chi der Erde. Im Vastu ist ein Rosenhain im Südwesten die beste Maßnahme schlechthin, gefolgt von einer zweiten sehr guten Gestaltung: der Wildnis und mit ihr verbunden die wilden Tiere. Und auch der Zoo liegt im Südwesten. In seinem Pavillon haben Maria Theresia und Franz Stephan gerne diniert. Bei den alten matriarchalen Bauernfamilien im Hochland Indiens liegt in der Südwestecke des Sippengartens der Schlangenhain: Bäume, dichte Büsche und Heilkräuter wachsen dort. Diese Haine der Wildnis, der wilden Schlangen, sind oft uralt und weder Haustiere noch Kinder noch Fremde dürfen sie betreten. Hier residierte die Schlange als Gottheit, bewacht von der Sippenältesten, das sichert Glück und Reichtum [Göt00, S. 154] Ein ähnlich günstiger Effekt geht natürlich von einem Zoo mit seinen wilden Tieren in der Südwestecke einer Parkanlage aus. In der indischen Mythologie gilt Rama als einer der wenigen ehefähigen und treu liebenden Götter, er findet mit Sita, der Erdgöttin, sein Lebensglück und zieht sich mit ihr in die Wildnis zurück. Dies ist der Grund, warum im Vastu Rama- und Sita-Statuen im Südwesten aufgestellt werden. Denn im indischen Vastu steht, ähnlich wie im chinesischen Feng Shui, der Südwesten für Mutter Erde, für Wildnis und Eheglück.

Bestand und Dauer, sicher gehorteter Reichtum, sind weitere Aspekte des Südwestens. Der Mann von Maria Theresia hatte im Schönbrunner Tiergarten im Keller des Pavillons sein Alchemie-Labor eingerichtet und – an anderer Stelle – das Privatvermögen der Habsburger aufgebaut, das bis zum Zusammenbruch des Reiches 1918 das Auskommen sämtlicher Familienmitglieder sicherte, ohne dem

Staat und damit dem Steuerzahler zur Last fallen zu müssen. Meines Wissens ist dieser Vorgang in der Geschichte des Hochadels recht einmalig. Und aus der Sicht des Feng Shui liegt dies am gut gestalteten Südwesten.

Der Südwesten ist aber auch der Punkt des Übergangs, der Transformation. Und so ist es kein Wunder, dass auch heute noch manchmal Kaiser Franz Stephan und sein späterer Nachfolger Franz Joseph I., der sich ebenso gerne im Tierpark aufhielt, im Park gesehen werden [Has15]. Vielleicht halten ja beide immer noch ihre Hände schützend über das Land Österreich.

Norden – Wissenschaft und Weisheit

Ein dritter Aspekt in der Grundmatrix ist noch auffällig: Die Ausrichtung nach der Richtung Nord-3. Die Blickrichtung liegt bei 18° und damit im Übergang zum Nordosten, der bei 22,5° beginnt. Die Hofburg, die Winterresidenz der Habsburger, ist dann noch etwas extremer, sie hat ihren herrlichen Eingang direkt im Nordosten bei 48°! Eine Ausrichtung nach Norden und Nordosten signalisiert eine starke geistige Ausrichtung. Kultur und Wissenschaft stehen hier massiv im Vordergrund. Und so ist es kein Wunder, dass Wien lange Zeit die führende Musikhauptstadt Europas war. Namen wie Haydn, Mozart, Beethoven, Brahms, Bruckner, Mahler, um nur einige der Wichtigsten zu nennen, sind verbunden mit dem Hause Habsburg. Ich selber war in jungen Jahren auf der Suche nach Wissen, wichtige Quellen waren mir dabei Bürger des Habsburger Reiches, unter anderem: Wilhelm Reich, Karl Popper, Ludwig von Mises, August Hayek, Sigmund Freud, Victor Frankl, Raoul France, Hans Hass und Konrad Lorenz. Allesamt geniale Denker, die mir entscheidend bei der Suche nach Wissen geholfen haben. Und der Wichtigste von allen: Nikola Tesla, auch er war ursprünglich Bürger des Habsburger Reiches, ohne ihn und seine Erfindungen ist die moderne Welt völlig undenkbar, auch wenn es kaum jemand weiß. Das Habsburger Reich war, was wissenschaftliche Innovationen und geistigen Fortschritt betrifft, lange Zeit eines der wichtigsten Gebiete der westlichen Hemisphäre. Ein Blick nach Österreich und seinem geistigen Schaffen und Streben lohnt sich übrigens auch heute noch. Felix Austria, glückliches Österreich, gilt nach wie vor, trotz aller Turbulenzen und Schicksalsschläge der Geschichte.

Nach all diesen grundsätzlichen Ausführungen fällt es mir direkt schwer noch auf die Nebensächlichkeiten, das Feintuning, das Feng Shui, die Kua-Formel und den Flying Star Chart zurückzukommen. Aber auch hier ergibt sich durchaus Interessantes.

Südosten – Konflikte und unruhige Zeiten

Im Südosten befand sich Theresias Schlafzimmer, des weiteren ihr Audienz- und Konferenzzimmer. Dies ist aus der Sicht der Grundmatrix prinzipiell außerordentlich günstig. Der Flying Star Chart allerdings zeigt zweierlei: der Bergstern 7 wirkt gerade im Schlafzimmer zunächst vorteilhaft. Die 7 mit der 1 ist extrem gut für Wohlstand. Es besteht aber auch die Gefahr von Einbrüchen, von Raub durch den zu der Zeit negativen Wasserstern 1 (Schlesien wurde ihr ja von Friedrich II. geraubt).

Die 7 steht weiter für Affären. Ihr Gatte Franz Stephan, der sein Schlafzimmer ebenfalls in diesem Sektor hatte, ging oft fremd. Maria Theresia hat ihren Mann über alles geliebt und ihm oft verziehen, einer seiner kostspieligen Favoritinnen sogar beim Glücksspiel mit Vorsatz viel Geld abgenommen. Und so das Vermögen, das ihr Gemahl für seine Mätresse ausgegeben hatte, wieder zurückgewonnen. Denn im Glücksspiel war die lebenslustige, instinktsichere und hochintelligente Maria Theresia fast unschlagbar. Der Südosten ist leider auch Maria Theresias dritt-schlechteste persönliche Richtung und sorgt für Streit und Konflikte. Selbige dürften daher gerade aufgrund der 7 in ihrem Leben nicht zu kurz gekommen sein.

Ihrem Kollegen Friedrich ging es da fast nicht besser. Auch er hatte sein Leben lang Streit und Konflikte, und die 1 und die 7 dazu passend im Südosten. Aber er war im Gegensatz zu Maria Theresia ein Osttyp mit seiner persönlichen Wohlstandsrichtung im Südosten. Letztlich durfte er daher Schlesien behalten. Es gelang Theresia nicht, ihre wohl reichste Provinz (Schlesien) zurückzugewinnen. Der kleine aber entscheidende Vorteil, ein Osttyp zu sein, brachte es für Friedrich II. (trotz identischem Flying Star Chart) mit sich, dass Maria Theresia in der Auseinandersetzung den Kürzeren zog.

Die negative Grundnatur der 7 hat hier durchgeschlagen, aber auch die zeitlich bedingten positiven Aspekte der 7 wie Fruchtbarkeit, Wortgewandtheit und sechster Sinn kamen bei Maria Theresia zur Geltung. Sie hat, wie bereits erwähnt, über 16 Kinder geboren, hatte einen Instinkt für die richtigen Berater und war nebenbei hervorragende Diplomatin.

Das Berliner Schloss

Preussens Untergang und Göttin Kalis Todesschlaf

Kaiser Wilhelm II ist am 27. Januar 1859 geboren, er hat die Glückszahl 7. Er hat es immerhin geschafft, dreißig Jahre lang zu regieren. Aus der Sicht des Feng Shui liegt dies daran, dass der Eingang sowohl im Berliner Stadtschloss als auch im Neuen Palais, seiner zweiten Residenz, für ihn günstig lag. Das war es dann aber auch schon mit dem günstigen Feng Shui!

Südosten	Süden	Südwesten
Lui Sha	**Wu Kwei**	**Tien Yi**
Vitalitätsverlust	Streit	Gesundheit
zweitschlechteste Richtung	drittschlechteste Richtung	zweitbeste Richtung
Osten		Westen
Chueh Ming	Kaiser Wilhelm II.	**Fu Wi**
Finanzprobleme	Glückszahl 7	Wachstum
schlechteste Richtung		viertbeste Richtung
Nordosten	Norden	Nordwesten
Nien Yi	**Ho Hai**	**Sheng Qi**
Gute Beziehungen	Missgeschick	Wohlstand
drittbeste Richtung	viertschlechteste Richtung	beste Richtung

Südwesten – Dröhnung mit Fliegenpilz

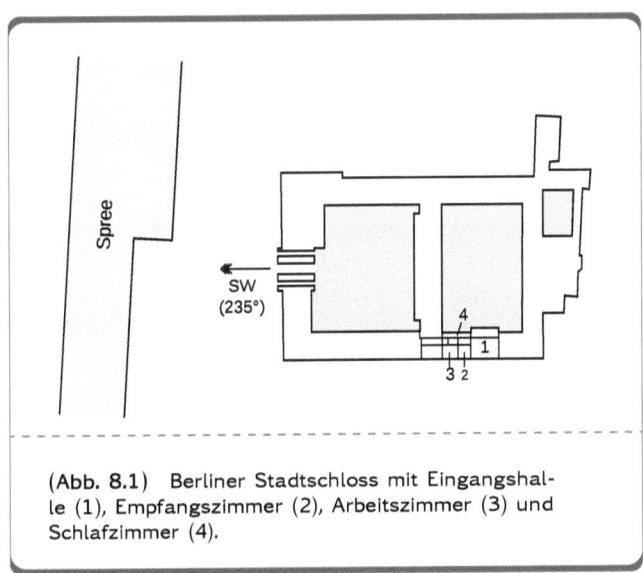

(Abb. 8.1) Berliner Stadtschloss mit Eingangshalle (1), Empfangszimmer (2), Arbeitszimmer (3) und Schlafzimmer (4).

Der Westen steht allgemein unter der Herrschaft des weißen Tigers, dem heiligen Tier der Mutter-Göttin, und damit auch der Todesgöttin[1] Denn ihr Reich ist das Jenseits, die Inseln der Seligen (Avalon), die dort in Freude und Frieden leben, aber eben auch für die irdische Welt gestorben sind. Alles ist vorbei. Nach chinesischer Auffassung leben die Toten im Jenseits in der Gestalt von Kindern und warten auf ihre Wiedergeburt.

Im Südwesten hingegen haben wir den kritischen Punkt des Übergangs und der Wintersonnenwende. Die Sonne geht zur Zeit der Wintersonnenwende im Südwesten unter. Das alte Jahr (die alte Sonne) stirbt und das neue Jahr mit dem göttlichen Sonnenkind wird geboren. Tod, Vernichtung, Unterweltfahrt, aber auch Wiedergeburt sind die Themen. Im Vastu wird dieser Bereich der Göttin Kali zugeordnet, der Kriegsgöttin und Todesdämonin. Auch auf der Akropolis von Athen stand das Heiligtum der Kriegsgöttin Artemis im Südwesten, dort aber als Artemis Brauroneion, als Beschützerin der Gebärenden. Sie kommt damit der chinesischen Kuan Yin nahe, die ebenfalls im Südwesten herrscht und Familienglück und Kinder beschert. Tod und neues Leben liegen nun mal eng beisammen. Zur Wiedergeburt gehört das vorherige Verweilen im Jenseits, die Unterweltfahrt der Schamanen und des germanischen Gottes der Weisheit, Wotan, der neun Tage am Baum des Lebens wie tot hängt, bevor er wieder erwacht. Diese Unterweltsfahrt wurde oftmals mit Hilfe von Drogen angetreten. Bei uns war diese Droge der Fliegenpilz. Dieser ist ein sehr altes Symbol, das vermutlich auf die vorgermanische Urzeit zurückgeht und bis in die Gegenwart hinein seine Spuren hinterlassen hat. Bei meiner Großmutter war es noch Brauch, den Weihnachtsbaum mit kleinen geschnitzten und entsprechend bemalten Fliegenpilzen zu schmücken. Und auch die Farben des Weihnachtsmanns, Weiß und Rot, sind die Farben des Fliegenpilzes. Und hier haben wir den zweiten Aspekt der Nachtfahrt, die Gefahr des Wahnsinns durch die falsche Dosierung des halluzinogenen Göttertranks. Genie und Wahnsinn treten oft gemeinsam auf

---

[1] Tiger, Panther und Löwe sind in uraltester Tradition die Begleiter, Beschützer und Geburtshelfer der Großen Göttin. Das mag uns heute befremdlich erscheinen, aber wer die Natur beobachtet, weiß, dass weibliche Löwen bessere Jäger als die Männchen sind. Und sie sind gute Mütter. Schon in einer der ältesten Darstellungen der Frau als Gebärende wird sie umrahmt von zwei Löwinnen dargestellt! Die heiligen Tiere der Männer waren in der Urkultur Hornträger wie Stier, Widder und Nashorn, nicht zuletzt wegen des phallischen Charakters der Hörner. Siehe dazu zum Beispiel [Mei93].

und nicht jeder kehrt von seiner Nachtfahrt gesund und gestärkt zurück, mancher bezahlt dafür einen hohen Preis.

Das Berliner Stadtschloss besitzt eine Überbetonung des Südwestens, jenem Bereich der Nachtfahrt und des Wahnsinns. Der Eingang, eine Hauptstraße und eine Wasserfläche befinden sich hier! Durch die Ausrichtung des Gebäudes an der Südwest-Nordost-Achse wird der Eingang zusätzlich gestärkt! Das ist einfach eine zu starke Betonung des Südwestens. Friedrich der Große hat diesen Bau weitestgehend gemieden. Nur einmal im Jahr, recht passend zur Wintersonnenwende, weilte er hier zusammen mit seiner Frau, um zu repräsentieren und neben dem neuen Jahr auch noch Fasching zu feiern. Das war es dann. Sein Großvater Friedrich I. hatte das Schloss gebaut. Und er hat es in einem durchaus guten, wenn auch umstrittenen Sinne zu nutzen gewusst. Ein offener Südwesten mit Wasserflächen sorgt für Instabilität, auch im finanziellen Bereich, zum Beispiel in Form von Verschwendungssucht. Etwas, das Friedrich I. auch noch von seinem Enkel in seiner Geschichte des Hauses Brandenburg vorgeworfen wurde. Und natürlich besteht auch die Gefahr des Wahnsinns. Die Selbsternennung zum König von Preußen, eine Idee Friedrichs I., passt hierzu, hat aber dem Staat als Ganzes eher nicht geschadet und war eher noch harmlos. Im Gegenteil, war diese „Wahnsinnstat" ein erster und wichtiger Schritt auf dem Weg zur selbständigen Großmacht Preußen. Das Ganze ist also noch einmal gut gegangen, war ein genialer Streich.

Der Nachfolger Friedrichs des Großen, sein Neffe, der dicke Lüderjahn, wie ihn das Volk nannte (Friedrich Wilhelm II., 1744-1797), wird wieder Wohnung im Berliner Stadtschloss nehmen und neben seiner Verschwendungssucht vor allem für sein religiöses Spintisieren, mit der wohl eher als dekadent zu wertenden Religion der Rosenkreuzer, bekannt und berüchtigt werden. Klar dass auch der letzte Kaiser (Wilhelm II.) hier – im Gegensatz zu seinen Vorgängern – wieder Wohnung nehmen wird, und klar auch dass er den Energien nicht gewachsen war. Er war im Gegensatz zu Friedrich dem Großen ein Westtyp und musste sein großes Vorbild unbedingt nachahmen, belegte den Ostteil und den Südosten, wie Friedrich der Große ganz entgegen seinem Typus! Das Gleiche gilt, wie könnte es anders sein, für das Neue Palais in Potsdam, der Sommerresidenz Wilhelm II. und späteren Ganzjahresresidenz! Einem Gebäude, das noch dazu nach Osten blickt, also für den Westtypen Kaiser Wilhelm II. ein äußerst ungünstiges Osthaus ist. Instinktbehindert, nicht zuletzt durch eine selten autoritäre, ja grausam zu nennende Erziehung durch die Eltern zusammen mit einem veritablen, geburtsbedingten Gehirnschaden, hat der letzte Kaiser aus der Sicht des Feng Shui einiges falsch gemacht. Das Schicksal hat es nicht gut gemeint mit ihm und mit Deutschland [Fre60, S. 394].

Südwesten II – Frau Holle streut Geschenke aus

Aber es gibt auch Positives zu berichten. Das Gute an einem durch die Gestaltung überaktivierten Südwesten ist die soziale Tätigkeit. Denken wir an die Große Göttin (Frau Holle), die in der Mythologie zur Weihnachtszeit mit ihrem Hirschschlitten über die Lande zieht, um Geschenke an gerechte und gute Menschen zu verteilen. Der preußische Staat war der erste, der in der Geschichte der Menschheit Sozialgesetze verabschiedete, 1881 Krankenkassen und Rentenversicherung einführte, erst zum Teil erschreckend später folgten andere, angeblich so fortschrittliche Staaten seinem Beispiel [Böd10].

Aber es herrschten auch extreme geistige Verwirrungen, die von Berlin aus die ganze Welt anstecken sollten. Es begann mit Hegels staatsverherrlichenden Gedanken, die Schopenhauer als Gehirnwäsche titulierte und Karl Popper für Scharlatanerie hielt. Und es kam noch dicker, es kam der Rote Preuße Marx mit seiner menschenverachtenden Theologie und damit unvorstellbare Not und Elend in die Welt. Fast wäre die gesamte Welt in diesem Irrsinn, in diesem dunklen Schlaf der Kali versunken und sie konnte sich teilweise bis heute noch nicht davon befreien. Grausame Kriege, Gulags, erschreckende Pogrome und die Nazis waren die Folge. [2] Es mag als verwegen und ziemlich absurd erscheinen, all diese Ereignisse, diese schrecklichen und geisteskranken Ideologien mit dem Berliner Schloss in Verbindung zu bringen, doch es gibt nicht umsonst in der Psychologie C. G. Jungs den Begriff der Synchronizität[3].

---

[2] einige Bücher zum Thema wären [Sch54; Kie11; Löw99]

[3] Synchronizität: akausaler Zusammenhang zwischen zwei Ereignissen oder Gegenständen. Zum Beispiel: ein Patient träumt nachts von einem wunderschönen Totengräber-Käfer, anderntags beim Therapiegespräch fliegt eben ein solches Tierchen zufällig zum offenen Fenster herein.

Defekte im Südwesten – Drei weitere Beispiele

Es existieren übrigens noch weitere sonderbare Fallbeispiele zum Thema Südwesten. Die Hofburg in Wien wurde mit einem Anbau im Südwesten versehen, im ersten Teilabschnitt eingeweiht ausgerechnet vom Thronfolger Erzherzog Franz Ferdinand, der kurz danach verstarb. 1916 wurde dieser Abschnitt noch mehr erweitert. 1918 war dann die Monarchie am Ende. Auch Schloss Hetzendorf, der Wohnsitz des letzten Habsburgers, Karl I., hatte einen Defekt im Südwesten: einen Fehlbereich. So etwas, das behauptet das Feng Shui und das Vastu, führt zu Verlusten, vor allem zu vorzeitigem Tod der Männer und in unserm Fall zum Verlust des Reiches. Drittes Beispiel: das Dresdner Königsschloss. Als sich der Kurfürst von Brandenburg Friedrich-Wilhelm (1620-1688) anschickte, Preußen zur Großmacht aufzubauen, gab ihm kaum jemand eine Chance, sich gegen das mächtige Sachsen durchzusetzen. 100 Jahre später war Sachsen ein „Spielball" Friedrich des Großen. Das Dresdner Königsschloss hat einen Fehlbereich im Südwesten! Die richtige Gestaltung des Südwestens sollten wir durchaus ernst nehmen. Vermeiden Sie hier Erweiterungen oder Fehlbereiche. Dies ist sehr schlechtes Feng Shui.

Nachtrag – Bismarcks Erinnerungen

Es ist schon merkwürdig. Weder Vater noch Großvater von Wilhelm II. nutzten das Stadtschloss. Erst der letzte Kaiser nimmt hier wieder Wohnung. Und Bismarck wirft ihm in seinen Erinnerungen dasselbe vor, das schon für den Lüderjahn gegolten hat: Sexuelle Ausschweifungen und religiöser Wahn.

Die Kaiservilla in Bad Ischl
Harmonie im Staat

Kaiser Franz Josef I. wurde am 18. August 1830 geboren, er hat die Glückszahl Sieben, sein Tierkreiszeichen ist das des Tigers.

Südosten **Chueh Ming** Finanzprobleme schlechteste Richtung	Süden **Ho Hai** Missgeschick viertschlechteste Richtung	Südwesten **Sheng Qi** Wohlstand beste Richtung
Osten **Lui Sha** Vitalitätsverlust zweitschlechteste Richtung	*Kaiser Franz Joseph I.* *Glückszahl 5*	Westen **Nien Yi** Gute Beziehungen drittbeste Richtung
Nordosten **Fu Wi** Wachstum viertbeste Richtung	Norden **Wu Kwei** Streit drittschlechteste Richtung	Nordwesten **Tien Yi** Gesundheit zweitbeste Richtung

Seine Frau Sissi wurde am 24. Dezember 1837 geboren, ihre Glückszahl ist die Fünf, ihr chinesisches Tierkreiszeichen ist der Hahn, ein stolzes Tier, das in der chinesischen Astrologie im Westen residiert.

Südosten **Lui Sha** Vitalitätsverlust zweitschlechteste Richtung	Süden **Wu Kwei** Streit drittschlechteste Richtung	Südwesten **Tien Yi** Gesundheit zweitbeste Richtung
Osten **Chueh Ming** Finanzprobleme schlechteste Richtung	*Kaiserin Elisabeth* *Glückszahl 7*	Westen **Fu Wi** Wachstum viertbeste Richtung
Nordosten **Nien Yi** Gute Beziehungen drittbeste Richtung	Norden **Ho Hai** Missgeschick viertschlechteste Richtung	Nordwesten **Sheng Qi** Wohlstand beste Richtung

Die Kaiservilla in Bad Ischl, die Sommerresidenz des Kaisers und seiner Gattin, wurde 1860 fertiggestellt, nachdem das Kaiserpaar sie von der Erzherzogin Sophie, der Mutter des Kaisers, 1853 zur Hochzeit geschenkt bekommen hatte. Das Haus ist dadurch ein Gebäude der Periode 9. Als gute Sterne gelten in dieser Periode die Zahlen 9, 1 und 2, als brauchbar die 3 und die 6. Das Haus blickt leicht schräg nach Norden bei 343°. Es ist damit ein Nord-1-Haus, das fast schon Richtung Nordwesten schaut.

Die Kaiservilla in Bad Ischl

5 4 8	9 9 4	7 2 6
6 3 7	4 5 **9**	2 7 2
1 8 3	8 1 **5**	3 6 1

Fliegende Sterne von der Kaiservilla in Bad Ischl

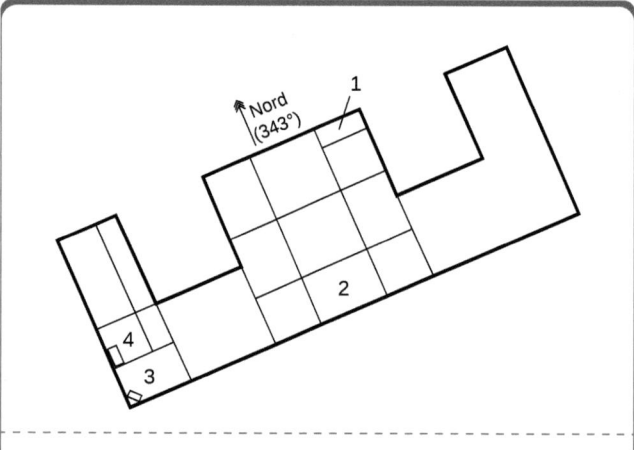

(Abb. 9.1) Die Kaiservilla in Bad Ischl mit Sissis Schreibzimmer (1), Rotem Salon (2), Kaiser Franz' Arbeitszimmer mit Schreibtisch (3) und seinem Schlafzimmer mit Bett (4).

Doppelter Sitzstern im Süden – Beständigkeit, Anerkennung und urwüchsige Gesundheit

Die Villa ist außen in prächtigem Gelb gestrichen, der Farbe des Herrrschers im alten China. Das ist schon mal sehr günstig, denn Gelb sorgt für Weisheit und Autorität. Die Doppelte Neun als Sitzstern symbolisiert im Feng Shui vor allem hohes Alter, Gesundheit, aber leider auch weniger Erfolg in äußeren Angelegenheiten. Bei einem solchen Stern kann man eher nicht die große Karriere erwarten, den großen Sprung nach vorne. Also tendenziell eher das Gegenteil von dem, was uns die Charts von Sanssouci, dem Schloss Schönbrunn und dem Belvedere präsentiert haben. Dafür dürfen wir aber solide Arbeit und Beständigkeit erwarten. Tatsächlich musste Franz Josef während seiner Regentschaft etliche Misserfolge einstecken, wie den verloren Krieg gegen Preußen 1866 und den Verlust Venetiens und der Lombardei. Das Feldherrenglück war ihm nicht hold. Dennoch steht er wie kaum ein anderer Herrscher für die Beständigkeit und Kontinuität, er hat seinen Völkern eine lange Zeit des Friedens und des Wohlstands gebracht, und das war sicherlich nicht ganz leicht.

Südwesten – Langlebigkeit und Pflichterfüllung

In der Kaiservilla lag sein Büro im Südwesten und sein Schlafzimmer im Westen. Der Südwesten ist Kaiser Franz Josefs Gesundheitsrichtung, und uralt ist er ja geworden. Noch in seiner betagten Zeit mit über achtzig Jahren ging er, der alpenländischen Tradition folgend, bei Wind und Wetter, mit kurzer, die Knie frei lassender Lederhose auf die Jagd. Er war ein Mann von urwüchsiger Gesundheit. Passend zu seinem Arbeitszimmer im Südwesten und zur Doppelten Neun, die der Villa und seinem Bewohner langes Leben verspricht. Vom Grundchart aus betrachtet steht der Südwesten unter der Vorherrschaft von Mutter Erde. Aus der Sicht des Vastu ist das der beste Standort für einen Chef überhaupt, der Südwesten verleiht Beständigkeit und Dauer.

Die Sieben mit der Zwei zeigt im Flying Star Chart im Südwesten und Westen weniger Günstiges an. Die Sieben mit der Zwei führt zu finanziellen Verlusten, Intrigen, Unglück für Kinder und einen Mutter-Schwiegertochter-Konflikt. Die Zwei ist ja die Zahl der Matriarchin und die Sieben die Zahl des Westens und der jüngsten Tochter. Insofern ist ein Konflikt zwischen älteren und jüngeren Frauen in der Familie sehr wahrscheinlich und hat sich so ja auch zwischen Elisabeth und der Erzherzogin Sophie ergeben. Nicht zuletzt durch Intrigen gewisser Mächte wurde wohl Franz Josef in den Krieg getrieben, und am tragischsten ist der vorzeitige Tod seines einzigen Sohnes, des außerordentlich begabten Rudolf von Habsburg. Alle diese tragischen Aspekte werden vom Feng Shui doch glatt bei der Zwei mit der Sieben erwartet und sie konnten sich leider auch im Leben von Franz Josef manifestieren.

Schreibtisch – Ein Ventilator hält die Krankheit fern

Das Heilmittel gegen eine solche Störung, wenn der Raum nicht verlegt werden kann, ist der Einsatz von bewegtem Metall. Tatsächlich hat Kaiser Franz Josef einen der ersten strombetriebenen Ventilatoren mit Metallflügeln geschenkt bekommen. Vermutlich ist das Gerät viel zu spät in seinen Besitz gelangt und vermutlich hat er es auch nur im Sommer bei großer Hitze eingesetzt. Nach den Regeln des Feng Shui müsste bewegtes Metall täglich mindestens drei Stunden lang zum Einsatz gelangen, damit es wirksam entstört und den Fluss der Lebensenergie positiv verändert. Es gibt im Feng Shui Experten, die der Meinung sind, dass nur ein Klangspiel mit sechs hohlen Röhren diesen Defekt wirklich harmonisieren kann, denn nur in Metallröhren kann die Lebensenergie, wie wir es aus den Forschungen des genialen Erfinders, Naturwissenschaftlers, Freud-Schülers und Entdeckers Wilhelm Reich wissen könnten.

Nach der persönlichen Kua-Formel war der Südwesten und Westen für Kaiser Franz Josef zweifellos günstig, doch auch die negativen Aspekte der periodischen Schwankungen im Fluss der Lebensenergie konnten sich leider manifestieren. Schade eigentlich, denn im Großen und Ganzen war die Zeit der Regentschaft Kaiser Josefs eine der glücklichsten Zeiten der Monarchie und seiner Bewohner mit einem traurigen Fanal und Schlussakkord, der so nicht hätte kommen müssen. Der Schreibtisch Kaiser Franz Josefs steht heute immer noch so da, samt Utensilien, wie er ihn am Tag seiner Abreise nach Wien für immer verlassen hat. Ich denke sein Geist weht immer noch über Österreich, und wer weiß, vielleicht gelingt es ihm ja eines Tages, zurückzukehren und allen seinen Ländern neue paradiesische Zeiten zu bringen. Mir scheint es, dass nach dem Zusammenbruch der UdSSR der Anfang dazu aus der jenseitigen Welt geschaffen wurde.

Natürlich wurde Kaiser Franz Josef von gewissen Kräften stark kritisiert. Manche Kritik mag berechtigt gewesen sein, andere wiederum sagt mehr über den Charakter seiner Kritiker aus. Sozialdemokraten sprachen vom fluchbeladenen, blutigen Geschlecht, von gekrönten Verbrechern. Und ausgerechnet der durch kleinbürgerliche Inzucht gezeugte Adolf Hitler regte sich über die Inzucht der Habsburger auf. Man kann über die Habsburger schimpfen was man will, aber danach wurde es nicht besser, es kam die Diktatur des Proletariats, die Herrschaft der Abkömmlinge der Unterschicht, mit dem ehemals Obdachlosen Hitler und dem Psychopathen Stalin als Herrscher. Und auch in Sachen Demokratie, man spricht inzwischen auf kritischer Seite von Demokratur und Prolokratie, ist noch nicht das letzte Wort gesprochen. Ich verweise in diesem Zusammenhang auf die kritische Stellungnahme von Hans-Hermann Hoppe. Warten wir es ab, ob nicht der griechische Geschichtsschreiber Polybios recht behält, der prognostizierte, dass nach der Demokratie wieder die Monarchie Einzug erhält. Die Zeit wird es zeigen.

Kaiserin Elisabeth – Gesundheit, Dichtkunst und sportliche Erfolge

Kaiserin Elisabeth war wie Franz Josef ein Westtyp. Dies erklärt, warum sich beide ihr ganzes Leben lang liebten. Trotz der schweren Krisen, die gerade das Leben als Herrscherpaar mit sich brachte.

Sissi war sehr sportlich und sie hat ihre Fechtübungen am liebsten im südlich gelegenen, passend in Rot gestrichenen Empfangssaal durchgeführt. Durch die Doppelte 9 ist dies der beste Energiepunkt im Gebäude. Fechten passt gut zur Herrschaft der Feuerzahl 9. Und die Farbe Rot im Süden brachte dem Paar natürlich Außenwirksamkeit und Anerkennung! Neben Marie Theresia und ihrem Gatten sind Franz Josef und Elisabeth das wohl berühmteste und meistgeliebte Herrscherpaar in der Geschichte Österreichs.

Die Kaiserin bewohnte allerdings die östlich gelegenen Teile der Sommervilla. Dies dürfte mit ein Grund dafür gewesen sein, dass sie sich als Westtyp in selbiger nicht absolut wohl fühlte und öfter auf Reisen ging. Dennoch hat es Sissi verstanden, das Energiefeld des Schlosses nach besten Möglichkeiten zu nutzen.

Nordosten – Geistertor ins Jenseits

Ihr Schreibzimmer befand sich im Nordosten des Nordteils, dort schrieb sie viele ihrer Gedichte, erledigte ihre Korrespondenz. Der Nordosten ist Sissis persönliche Wachstumsrichtung und es ist auch die Wachstumsrichtung vom Grundchart her. Sissi war eine sehr gute Dichterin und sie hat sich auch mit parapsychologischen Fragen beschäftigt. Als Anhängerin Heinrich Heines war sie aufgeklärt und dennoch offen für die andere Dimension des Lebens. Eine ungewöhnliche und sympathische Ausrichtung, die man selten findet. Diese umfassende Ausrichtung an der Realität, diese allumfassende Offenheit für die Wirklichkeit ist leider vielen Menschen nicht gegeben. Die Kaiserin macht hierin eine seltene Ausnahme. Ihr ist es zu verdanken, dass die ungarische Nation im Reich verblieb. Schade, dass sie nicht von Anfang an mehr Einfluss auf das Kaiserhaus und die Regierungsgeschäfte gewinnen konnte. Bei allen Fehlern, die man der Kaiserin unterstellen kann, war sie doch eine weit überdurchschnittlich intelligente Frau, die sicherlich viel Gutes hätte bewirken können, wenn sie ihr Mann in politischen Dingen mehr zu Rate gezogen hätte.

Der Norden und der Nordosten (Sissis Arbeitszimmer) stehen unter dem Einfluss der 1 mit der 8. Die Acht ist vom Grundchart her die Zahl des Nordostens, wieder steht also die Bildung als Thema im Vordergrund. Die 1 mit der 8 bringt Erfolg, aber auch Partnerschaftsprobleme. Und selbige sind auch massiv aufgetaucht. Da aber beide, Kaiser und Kaiserin, dem Westtypus angehörten, was grundsätzlich eher auf Eheglück hinweist, konnten sie ihre Differenzen bewältigen.

Im Nordosten der Anlage lag der Kaitersberg, der Hausberg der Villa. Dort oben hat sich Sissi oft aufgehalten und auf einer Almhüte gedichtet. Ein Berg im Nordosten, das passt sehr gut zu geistigem Erfolg, steht doch der Nordosten nach Auffassung des Feng Shui unter der Herrschaft des Erdelementes. Im Kaiserpalast in Peking hat man im Nordosten künstlich einen Hügel aufgeschüttet, damit der Kaiser in seinem geistigen Tun gestärkt wird. Ein natürlicher Berg ist da noch besser und stärkt auch den Bergstern 8 im Flying Star Chart des Nordostens vorzüglich. Die Energien des Nordostens, besonders nachhaltig aktiviert durch Arbeitszimmer und Hausberg, stehen ebenso für Wettbewerb, Kampfgeist und der Fähigkeit, sich zu behaupten. Der Nordosten sorgt damit auch für sportliche Erfolge, die Elisabeth im außergewöhnlichen Maße hatte. Ihr Erfolg als Sportlerin wird noch zusätzlich durch die perfekte Nutzung des Nordwestens unterstützt.

Nordwesten – Teehaus für Sieger

Oft hat Sissi auch ihr Teehaus in der Nordwestecke der Parkanlage genutzt. Der Nordwesten ist ja die persönliche Gesundheitsrichtung der Kaiserin. Und gesund und energiegeladen war sie ihr Leben lang. Sie war einer der erfolgreichsten Parforcereiter ihrer Zeit, sie schlug dabei sogar die Männer und belegte in Irland und England erste Plätze. Die Sechs mit der Drei unterstützt grundsätzlich die positiven

Energien im Nordwesten, die Kombination steht für Glücksfälle. Man kann nicht umhin, Sissis Siege bei Wettkämpfen mit diesen Zahlen in Zusammenhang zu bringen. Denn die Sechs ist die Zahl der Disziplin und Führerschaft. Die Sechs ist auch die Zahl, die im Grundchart steht, in unserem Fall im Nordwesten also doppelt anwesend ist. Hinzu kommt noch der Nordwesten als persönliche günstige Richtung. Also besser geht es nicht mehr. Das Teehaus oder Cottage, wie man es damals nannte, war ein sehr guter Energiepunkt, der von der Kaiserin zurecht gerne aufgesucht wurde.

Nordwesten Schönbrunn – Weisheit und Führerschaft

Neben der Kaiservilla in Bad Ischl war der zweite Lieblingsaufenthalt des Kaisers Schloss Schönbrunn. Dort lagen Schlaf- und Arbeitszimmer des Kaisers und der Kaiserin im Nordwesten. Beide sind ja Westtypen und vom Grundchart her residiert ein Mann, der erfolgreich sein will, nirgends besser als in dieser Richtung. Dies erklärt mit, warum Sissi und Franz bis heute Österreichs Kaiserpaar Numero Uno sind und warum Franz Josef alleine schon durch seine lange Regierungszeit, die dem Land Frieden und Wohlstand brachte, Österreichs wohl wichtigster Kaiser war. Unter seiner Herrschaft blühten Kunst und Wissenschaft wie nie zuvor. Und Franz Josef war mit seiner Disziplin und Pflichterfüllung ein Vorbild für alle Beamten und Diener des Staates. Dazu passt natürlich auch das Hobby der Jagd mit seinem Einsatz der Metallenergie (Kugel, Gewehr) sehr gut zu einem Westtypen.

Bad Ischl und die Kaiservilla sind geomantisch betrachtet sehr gute Energiepunkte, ein Besuch dort lohnt heute noch genauso wie zu Kaiserzeiten. Und wer weiß, mit etwas Glück können Sie auch geistig mit ihm und seiner Frau in Kontakt treten. Leutselig war er ja, der Kaiser, daran hat sich bis heute nichts geändert.

SCHLOSS LINDERHOF
LUSTSCHLOSS MITTEN IN DER WILDNIS

König Ludwig II. wurde am 25. August 1845 geboren. Seine Kua Zahl ist die 2, sein Tierzeichen das der Schlange.

Südosten **Wu Kwei** Streit drittschlechteste Richtung	*Süden* **Lui Sha** Vitalitätsverlust zweitschlechteste Richtung	*Südwesten* **Fu Wi** Wachstum viertbeste Richtung
Osten **Ho Hai** Missgeschick viertschlechteste Richtung	Ludwig II. von Bayern Glückszahl 2	*Westen* **Tien Yi** Gesundheit zweitbeste Richtung
Nordosten **Sheng Qi** Wohlstand beste Richtung	*Norden* **Chueh Ming** Finanzprobleme schlechteste Richtung	*Nordwesten* **Nien Yi** Gute Beziehungen drittbeste Richtung

```
  5   6  | 1   1  | 3   8
    9   |   5    |   7
 -------+--------+-------
  4   7 | 6   5  | 8   3
    8   |   1    |   3
 -------+--------+-------
  9   2 | 2   9  | 7   4
    4   |   6    |   2
```

Fliegende Sterne von Schloss Linderhof

Schloss Linderhof wurde zwischen 1874 und 1878 erbaut, es gehört damit der Periode 1 an. Als günstig gelten die Zahlen 1, 2, 3 und die 7. Bald nach seinem Regierungsantritt zog sich König Ludwig eigenbrötlerisch in die Bergwelt zurück. Schloss Linderhof war dabei trotz vieler anderer Projekte sein Hauptwohnsitz, in dem er die meiste Zeit verbrachte. Der Eingang befindet sich im Süden mit einem herrlichen Ausblick, und im Norden haben wir einen Berg. Das macht die Bestimmung des Charts recht einfach: Das Gebäude blickt nach Süden.

Schloss Linderhof

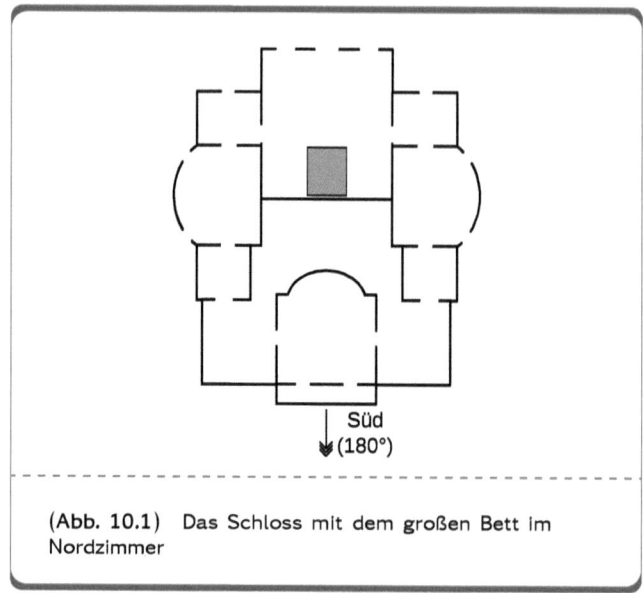

(Abb. 10.1) Das Schloss mit dem großen Bett im Nordzimmer

Norden – schlaflose Nächte

Betrachten wir zunächst das Schlafzimmer. Es liegt im Norden, der schlechtesten Richtung des Königs. Chue Ming heißt diese Richtung und sie bedeutet den totalen Ruin. Und so ist es letztlich Ludwig II. auch ergangen, er verlor sein Königreich und sein Leben. Und das schon im Alter von 41 Jahren. Schlimmer geht es nicht. Der Flying Star Chart zeigt mit der 2 und der 9 eigentlich gar nicht so schlechte Energien an, der Bergstern 2 sorgt in dieser Periode zusammen mit der 9 für Führerschaft und hohe Produktivität. Nun, rührig war er ja, der König, er las viel, war unendlich gebildet. Man kann ihn ohne Übertreibung als Kunst- und Geschichtsexperten für die Zeit Ludwigs XIV. bis Ludwigs XVI. werten. Nächtelang saß er über seinen Architekturentwürfen, gab alles bis ins kleinste Detail vor.

Die 2 mit der 9 steht auch für Romantik, und einige Liebesaffären mit Männern soll er ja gehabt haben. Allerdings sind selbige bei der 2 mit der 9 nicht von Dauer. Die 2 mit der 9 bremst außerdem die Arbeitsmoral und sorgt für geistige Stagnation. Die Regierungsgeschäfte hat Ludwig in einem wichtigen Punkt vernachlässigt, er nahm seine repräsentativen Pflichten nicht wahr. Irgendwie blieb er geistig zurück. Wie ein kleines, unreif gebliebenes Kind spann er sich in seine Wagnersche Traumwelt ein. Die Venusgrotte, in der er mit seinen Liebhabern turtelte und deren blaue Illumination, die ihm nie blau genug sein konnte, legt ein beredtes Zeugnis dafür ab.

Insgesamt soll die Zahl 2 in der Periode 1 ja günstig wirken. Tut sie aber bei Ludwig eher nicht. Ein Phänomen, das ich schon öfter beobachtet habe: Zeitlich positive Sterne mit allerdings insgesamt negativer Grundtendenz – die 2 ist von der Grundnatur her eher negativ zu werten - wirken auch zu günstigen Zeiten weiterhin negativ ein, wenn die persönliche Kua Formel für diesen Sektor negative Aspekte anzeigt. Dies ist eine Erkenntnis, die bei den Feng-Shui-Gelehrten meines Wissens wenig bekannt ist. Gelehrt wird immer: Wenn ein zeitlich positiver Bergstern vorliegt (in unserem Fall ist es die 2) dann kann das Schlafzimmer hier bezogen werden, das gäbe gutes Feng Shui. Mir geht es hier so wie einst Johannes Kepler bei der empirischen Erforschung der Gesetze der Astrologie. Überkommene Gesetze, überkommene Meinungen und Urteile zur Deutung mancher Konstellationen waren einfach grundlegend falsch, wurden von der Praxis nicht bestätigt. Allerdings hat das Ganze auch etwas mit der geistigen Einstellung zu tun. Magie kann auf Dauer nur positiv wirken, wenn der Mensch sich moralisch und sittlich bemüht. Und hier hat milde gesprochen Ludwig II. einige Defizite aufzuweisen. Ich vermute, dass die Zahl 2 in der Periode positiv gewirkt hätte, wenn Ludwig nicht gar so massiv gegen geistige Gesetze verstoßen hätte.

König Ludwig hatte eine starke Tendenz zur Isolation. Er war ein Nachtschattengewächs, unter Tags war mit ihm kaum etwas anzufangen. Dies alles spiegelt sich in der starken Yin-Lastigkeit seines Schlafzimmers wieder

- durch die Lage im Norden, dem Bereich eines Gebäudes, der das stärkste Yin besitzt,
- durch die Erweiterung im Norden,
- durch die große Fensterfläche im Norden,
- durch die große Wassermasse, die direkt auf das Haus zustürzt,
- durch das in einem höchst intensiven Blau gestaltete Bett.

Dies ist eine extreme Fehlgestaltung und sorgt für sich allein schon für viel Kummer, Not, Ängstlichkeit und einen massiven Hang zu Isolation und Einsamkeit!

Westen – Sexuelle Abweichungen

Interessant sind auch das westliche Gobelin-Zimmer und das Audienzzimmer: die Kombi 3-8 bzw. 8-3 wird im Feng Shui als möglicher Hinweis auf Homosexualität gewertet. Dass dieser Aspekt gleich zweimal auftaucht markiert eine Verstärkung der Tendenz. Ludwig II. hat ja gefährliche Medizin eingenommen, um seinen von ihm selbst im Sinne des herrschenden Zeitgeistes als problematisch empfundenen Geschlechtstrieb zu bändigen. Dass ihm das wohl eher nicht gelang signalisiert der Chart.

Süden – Drogensucht und Exzesse

Interessant ist die Doppelte 1 am Eingang, sie signalisiert Ruhm und Anerkennung. Ludwig ist heute der beliebteste Monarch der bayrischen Geschichte in der Bevölkerung. Sein Nimbus ist ungebrochen, er hat wie kaum ein anderer zur Identität des bayrischen Volkes beigetragen, dies ist sein nicht zu unterschätzendes, bleibendes Verdienst. Freilich ist der Süden auch seine zweitschlechteste Richtung, sie führt zu Vitalitätsverlusten, ständiger Krankheit und großen Schäden im Geschäfts- und Familienleben. Ludwig war hochverschuldet und sein Onkel sorgte aus dynastischen und familiären Gründen dafür, dass er eingesperrt wurde. Auch wenn der Wasserstern grundsätzlich günstig ist, er ist halt doch ein Wasserstern und damit Yin-lastig. Er sorgt zwar für künstlerische Kreativität, die Ludwig durchaus besaß (er hatte alle großen Architekturentwürfe selbst gestaltet und entscheidend bestimmt), aber die Doppelte 1 steht auch für Drogensucht und sexuelle Exzesse. Beides hatte Ludwig zu bieten. Er nahm unkontrolliert Barbiturate und Opium ein und missbrauchte hemmungslos die Dragoner-Soldaten, die er extra für sich als Gespielen abkommandieren ließ. Er war zum Schluss neben seiner Drogensucht auch sexsüchtig. Diese Exzesse haben dem Ruf des Königshauses kurzfristig nicht wenig geschadet und waren mit ein Grund, warum sein Onkel, der spätere Prinzregent Luitpold, nach langem Zögern der Entmündigung seines Neffen zustimmte. Nebenbei soll Ludwig II. zur Bestrafung für Lapalien seine Diener gebissen, in milderen Fällen mit Wasser überschüttet haben, und der makaberen Scherze mehr! Drogensucht ist halt doch ein arges Problem.

Das Spiegelkabinett im Süden des Schlosses war Ludwigs Lieblingszimmer, darin hat er sich ganze Nächte aufgehalten. Spiegel repräsentieren das Wasserelement im Feng Shui. Ludwig hat in diesem Raum wieder einmal und vor allem nur das Chi des Wassers geweckt und gestärkt, dies gibt sehr einseitiges und damit schlechtes Feng Shui und die Konsequenzen ließen nicht lange auf sich warten.

Wagners Wogen

Auch das Festspielhaus in Bayreuth ist ein Süd-2-Haus der gleichen Periode. Auch sein Eingang wird von der Doppelten 1 determiniert, und hat Bayreuth fulminanten Erfolg gebracht. Richard Wagner und Ludwig II. waren seelenverwandte. Die Doppelte 1 passt auch gut zur Musik Wagners, sie hat etwas Dumpfes, Dröhnendes, Schattenhaftes, Yinlastiges, das gut durch das Chi der Doppelten 1 befördert wird.

Richard Wagners Villa Wahnfried
Die Nachtfahrt der Seele

Die Nordostseite der Villa Wahnfried

Richard Wagner wurde am 22.5.1813 geboren, seine Glückszahl ist die 7, sein Tierzeichen der Hahn. Er wurde siebzig Jahre alt. Er ist sowohl vom Tierzeichen als auch vom Kua-Chart her betrachtet ein West-Typ. Da Wagner den Westen gemäß den Vorgaben des Feng Shui für sich nutzen konnte, war dies für ihn doppelt günstig.

Südosten	Süden	Südwesten
Lui Sha	**Wu Kwei**	**Tien Yi**
Vitalitätsverlust	Streit	Gesundheit
zweitschlechteste Richtung	drittschlechteste Richtung	zweitbeste Richtung
Osten		Westen
Chueh Ming	Richard Wagner	**Fu Wi**
Finanzprobleme	Glückszahl 7	Wachstum
schlechteste Richtung		viertbeste Richtung
Nordosten	Norden	Nordwesten
Nien Yi	**Ho Hai**	**Sheng Qi**
Gute Beziehungen	Missgeschick	Wohlstand
drittbeste Richtung	viertschlechteste Richtung	beste Richtung

Cosima Wagner, Richard Wagners Frau, ist geboren am 24. Dezember 1837, gestorben am 1. April 1930. Sie wurde 93 Jahre alt. Ihre Kua-Zahl ist die 8. Auch sie ist ein Westtyp.

Richard Wagners Villa Wahnfried

Südosten **Chueh Ming** Finanzprobleme schlechteste Richtung	Süden **Ho Hai** Missgeschick viertschlechteste Richtung	Südwesten **Sheng Qi** Wohlstand beste Richtung
Osten **Lui Sha** Vitalitätsverlust zweitschlechteste Richtung	Cosima Wagner Glückszahl 8	Westen **Nien Yi** Gute Beziehungen drittbeste Richtung
Nordosten **Fu Wi** Wachstum viertbeste Richtung	Norden **Wu Kwei** Streit drittschlechteste Richtung	Nordwesten **Tien Yi** Gesundheit zweitbeste Richtung

Richard Wagners Villa Wahnfried wurde zwischen 1872 und 1874 erbaut. Es ist damit ein Gebäude der Periode 1. Es blickt bei 223 Grad nach Südwesten und ist ein SW-2-Haus. Zeitlich günstige Sterne sind 1, 2 und 3, brauchbar ist die 7.

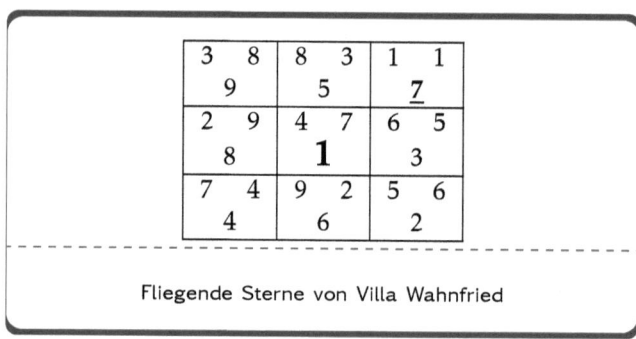

Fliegende Sterne von Villa Wahnfried

Ideale Raumaufteilung – Überdurchschnittlicher Erfolg

Richard Wagner war ein Westtyp. Der Eingang zum Haus lag im Nordosten, seiner Richtung für Beziehungsglück. Dies sorgt für gute Kontakte, vor allem in geistiger Hinsicht. Im Südwesten lag der große Saal, sein Arbeits- und Repräsentationszimmer. Der Südwesten ist die Tien-Yi-Richtung des großen Meisters. Tien Yi heißt Doktor vom Himmel. So ist der Südwesten für Richard Wagner ein glückbringender Ort, der für Gesundheit aber auch Reichtum sorgt. Hier hat Richard Wagner der Überlieferung nach seine Götterdämmerung zu Ende komponiert. Sein Schlafzimmer im ersten Stock und der Nebeneingang darunter liegen im Nordwesten, seiner Wohlstandsrichtung, und allgemein - von der Grundmatrix aus betrachtet - ist der Nordwesten die beste Richtung für das Schlafzimmer des männlichen Familienoberhauptes.

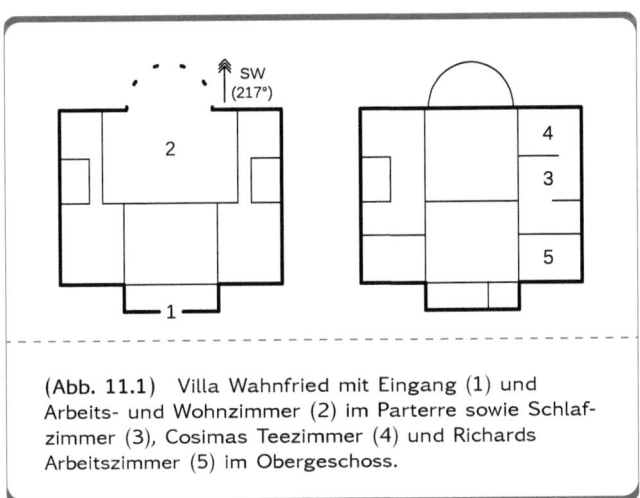

(Abb. 11.1) Villa Wahnfried mit Eingang (1) und Arbeits- und Wohnzimmer (2) im Parterre sowie Schlafzimmer (3), Cosimas Teezimmer (4) und Richards Arbeitszimmer (5) im Obergeschoss.

Aus der Sicht der Kua-Formel und der vorliegenden Raumaufteilung dürfen wir hier, auch wenn wir vorher seine Bewohner nicht kennen würden, die Wohnung eines sehr erfolgreichen Menschen vermuten. Der Eingang im Nordosten weist zudem auf eine hochgradig geistige Ausrichtung hin. Und die Verbindung von Philosophie und Musik ist es ja, was die Person und das Werk Richard Wagners so einzigartig macht. Die Erweiterung des Nordostens unterstreicht diesen Anspruch augenfällig. Die Nordost-Südwest-Achse ist auffällig gestärkt.

Südwesten – Hausdrachen reloaded

Die Erweiterung im Südwesten stärkt die Matriarchin, die Clanchefin, und schwächt dadurch den Mann des Hauses. Tatsächlich verstarb Richard Wagner für einen Komponisten im Alter von 69 Jahren relativ früh. Cosima leitete nach seinem Tod die Festspiele über zwanzig Jahre lang, und dies durchaus recht erfolgreich. Ihr ist es zu verdanken, dass die Festspiele als Institution überlebten und zum festen Begriff in der Kulturszene wurden. In der nächsten

Generation wurde die Ehefrau des Sohnes Siegfried, Winifred, die alles bestimmende Grande Dame am Bayreuther Festspielhügel.

Und auch heute leiten wieder zwei Urenkelinnen von Richard und Cosima Wagner die Festspiele! Eine Erweiterung im Südwesten schafft einen mächtigen Energiestrom, der nicht nur die Chefin des Hauses unterstützt, sie sorgt auch dafür, dass die Genealogie von Chefinnen fortgesetzt werden kann und der Familie prächtiger Zuwachs beschert wird. Weiter verhilft die Erweiterung zu praktischem und methodischem Denken. Die Förderung der Familie führte in unserem Fall nicht unbedingt zu Familienharmonie, aber es entstand eine der bedeutendsten bürgerlichen Großfamilien Deutschlands. Und was das praktische Denken betrifft, so war unter anderem Winifred unschlagbar. Böse Zungen behaupteten im Zusammenhang mit Hitler, sie hätte sich auch dem Teufel verschrieben, wenn das für den Fortbestand der Festspiele nötig gewesen wäre.

Nordosten – Mysterienwahnspiele

Eine Erweiterung im Nordosten wiederum ergänzt den Südwesten vorzüglich, sie stärkt die Motivation, man kann seine Ziele klarer sehen und ist bereit, hart dafür zu arbeiten. Gleichzeitig sind diese

Energien aber auch extrem unruhestiftend, was zu negativen geistigen Einflüssen, Selbstsucht, Schlaflosigkeit, Nervosität und Albträumen führen kann. Auch auf diesem Gebiet ist über Richard Wagner einiges überliefert. Vom physiognomischen her betrachtet war Richard Wagner, genauso wie seine Frau, ein Bewegungsnaturell. Eine falsche, fanatische Geistigkeit, religiöse Wahnsysteme, entstehen bei diesem Menschentypus nach Ansicht von Carl Huter relativ leicht. Der Eingang im Nordosten hat die Problematik sicher nicht besser gemacht sondern die Tendenz der Wagners in diese Richtung noch negativ verstärkt. Die seltsamen Ausraster gegen das Jüdische Volk, sowohl von Richard als auch von Cosima und auch seines Sohnes Siegfried samt dessen Ehefrau, finden hierin ihren Spiegel. Der Nordosten steht im Grundchart allgemein für Religion. Der Eingang für Brahmanen hier gilt in Indien als besonders gut. Wagner wollte ja eine neue Religion schaffen, mit Parsifal und dem Ring, diesem seltsamen Mysterienweihespiel, ist ihm dies auch gelungen.

Südwesten II – Apokalypse Now, die Bühnenfassung

Nicht übersehen dürfen wir bei der Erweiterung im Südwesten, dass sie auch den Weihnachtspunkt aktiviert, die Zone des Untergangs, des Wahnsinns und der Verwandlung. Seine Götterdämmerung hat Richard Wagner wirklich sehr passend an diesem Energiepunkt seiner Wohnung komponiert. Auch das Thema der Zerstörung zur Läuterung und Reinigung der Welt passt natürlich hierher. Dass Hitler die Musik Wagners so sehr liebte hat auch in dieser Todessehnsucht Wagners seine Affinität. Interessant ist hier, wie in so vielen Fällen, die Kindheit Richard Wagners. Er litt unter der Lieblosigkeit seiner Mutter. Und es gilt hier sowohl für Hitler als auch Richard Wagner, was Alice Miller über die Untergangssehnsucht, die Lust am jüngsten Gericht christlicher Fundamentalisten, der „großen Reinigung" der Zeugen Jehovas und anderer Esoteriker und Sektierer gesagt hat. Die Apokalypse habe in all dies Fällen längst stattgefunden, nämlich in der Kindheit [Mil04, S. 119]. Hätte es Wagner gewagt, sich dieser Tatsache zu stellen, wären seine Schuldgefühle und Angstzustände vermutlich verschwunden. Anstelle der Mutter wird aber, solange die Prozesse unbewusst bleiben, „das System", der Kapitalismus, werden die Glücklichen, die Erfolgreichen und deswegen bösen Kapitalisten und Juden als „Übersprungshandlung", als Ersatzventil gehasst. Ein Leben lang war Richard Wagner auf der Jagd nach Liebe durch weibliche Wesen und ebenso auf der Jagd nach Geld, das als Liebesersatz einer unwiederbringlichen Kindheit herhalten muss. Daher diese Unmäßigkeit, diese absurde Kritik an den Juden Meyerbeer und Mendelssohn-Bartholdy, die in Wirklichkeit nicht sie sondern höchst augenfällig ihn selbst beschreibt: „Musikbankiers, Galionsfiguren einer Musikkultur des Bombastes und der Seichtigkeit." Wer richtet, richtet mit seinem Urteil manchmal nur sich selbst, weniger die anderen. Mehr als diese Worte aus des Meisters eigenem Munde muss eigentlich gar nicht zu Wagners Musik gesagt werden. Unbewusster Mund tut Wahrheit kund. Er, der die Aufhebung allen Egoismus fordert, ist selbst der größte Egoist. Er, der neben der Ehefrau unbedingt noch Musen braucht, predigt Entsagung, Reinheit und ausgerechnet als Judenhasser Mitleid. Mitleid hätten sie gebraucht, die Verfolgten und Verfemten, aber das ist eine ganz eigene, bittere Geschichte.

Die Musik Richard Wagners wurde von manchen als Musik für Unmusikalische bezeichnet. Der Psychiater Kowalewsky macht sie für den Wahnsinn Ludwigs mitverantwortlich. Er meinte, die Musik wirke narkotisch und habe des Königs Verstand am meisten gelähmt [Her86, S. 362]. Es fällt auf, dass vor allem seltsame, auf Außenstehende oftmals verrückt wirkende Personen wie Hitler und Ludwig II. ihn bzw. seine Musik gefördert und unterstützt haben. Ist das Zufall? Die Erweiterung im Südwesten spiegelt auch den Wahnsinn, die Nachtfahrt Wotans und der Schamanenpriester. Manche nehmen von dieser Unterweltfahrt für immer schaden an Leib und Seele. Wir haben diese Aspekte schon beim Berliner Stadtschloss besprochen.

Die Kompositionsweise, die Leitmotivtechnik, darin zeigt sich Wagner für mich als erster Vertreter einer modernen, geistlosen Pseudokunst: der Popkultur. Und darin liegt sein Erfolg: Den geistig etwas weniger Bedarften zu schmeicheln, ihnen ein Tableau zu bieten. Schon Nietzsche regt sich bei seinem Besuch in Bayreuth über das überdurchschnittlich seichte Publikum auf. Ich könnte dazu aus eigener Erfahrung etwas beisteuern, aber das ist natürlich alles „nur" subjektiv... Ich kenne in meiner Umgebung doch glatt einige erfolgreiche, vor allem auch junge Menschen. Ihnen allen ist „zufällig" gemein eine Liebe zu den großen Sinfonikern und die weitestgehende Ablehnung Wagners oder gar der modernen Popmusik. Vor ein paar Jahren konnte ich nachlesen, dass jugendliche Schwarze in einem Sozialprojekt in den Gettos von Südafrika in Gesang für klassische Oper unterrichtet werden, ihnen Rap-Musik sanft aberzogen wird, sie alle wandelten sich vom kriminellen, asozialen, zu erfolgreichen, sympathischen Menschen. Popmusik macht einfach blöde, das ist so. Natürlich könnte man das neurologisch untersuchen und interessant wäre es auch zu erfahren, wo auf dieser Wertskala Wagners Musik steht, ob auch sie aus dem Ghetto befreit? Wagner gibt auf jeden Fall vielen Menschen Rausch und Wahnsinn, dies ist auch der Grund, warum manche moderne Drogenfreaks neben ihren Joints Wagner über alles lieben. Wagnersche Musik mit ihren meist sinkenden Melodiebögen ist ein Fanal der Lebensmüdigkeit, der manischen Depression und der Selbstzerstörung, kurz: des Untergangs. Schlimmer noch als Wagner und Popmusik ist Rockmusik. Ich hatte als Feng-Shui-Berater Fälle, in denen Rockmusik im Hause eine nicht geringe Rolle spielte. Das negative Energiefeld war für mich dadurch kaum auflösbar. Ein seltenes Ereignis und bedrückendes Erlebnis.

Opiumsucht und doppelte Eins

Natürlich ist das Feng-Shui-Energiefeld das Hauses Wahnfried in mancherlei Hinsicht höchst interessant. Die Doppelte 1 im Flying Star Chart zeigt massiven Erfolg an. Wagner geht mit dem Zeitgeist, er *ist* der Zeitgeist, das ist sein Erfolgsgeheimnis. Es gibt keinen Grund, ihn dafür zu verurteilen, im Gegenteil: Wagner ist ist ein Stück deutscher Geschichte und Kultur, ein fatales Fanal, allerdings auch mit guten Seiten, wie es zum Beispiel sein Einsatz für den Tierschutz zeigt. Es gilt, sich mit ihm auseinanderzusetzen und endlich aus dem Schlaf und der Dunkelheit manisch depressiver Lebensauffassung aufzuwachen zu neuem Leben. Richard Wagner kann dabei durchaus wertvolle Hilfe leisten. Nach diesen Schlussworten fällt es schwer, sich nochmal mit dem Haus Wahnfried zu beschäftigen: Ich habe bisher das Energiefeld des Flying-Star-Charts nicht mit einbezogen. Dieses ist mal wieder recht interessant.

Sechzig Jahre Glück – Der dunkle Samariter

Das Arbeits- und Wohnzimmer im Erdgeschoss liegt im Südwesten. Die Doppelte 1 in der Blickrichtung sorgt für sicheren Erfolg nach außen. Sie ist gut für akademische Leistungen und künstlerische Kreativität. An Krankheiten ist durch den zweifach betonten Wasserstern in einer Himmelsrichtung, die mit dem Element Wasser in Konflikt steht (der Südwesten steht ja unter der Herrschaft des Chis der Erde), unter anderem folgendes zu erwarten: Süchte und Blutprobleme. Seine Hämorrhoiden und der Herzinfarkt, an dem er letztlich gestorben ist, hängen natürlich mit dem Blutkreislauf zusammen, und Wagner war opiumsüchtig. Dies passt zu der Doppelten 1 im Südwesten, noch besser als die sprichwörtliche Faust aufs Auge! Außerdem sorgt die Doppelte 1 für Romanzen außerhalb der Ehe. In der Bayreuther Zeit hatte Richard Wagner ein neues Techtelmechtel mit seiner Muse Judith Gautier und auch anderen Frauen.

Die Doppelte 1 bringt außerdem für sechzig Jahre Glück! Und das hatten die Wagners. 1933 waren sie dann aber fast pleite, doch Hilfe war bereits unterwegs, der Wagnerverehrer Hitler half dem Festspiel-Ensemble aus der Patsche.

Nordwesten – Schlafzimmer mit Kopfschuss

Interessant ist auch die Kombi 5 und 6 im Schlafzimmer. Eigentlich sorgt ein Schlafzimmer im Nordwesten eher für Gesundheit, doch Wagner war krank. Die 5 mit der 6 schadet vor allem den Männern, Erkrankungen im Bereich des Kopfes, sogar massive mentale Störungen sind zu erwarten. Wagner hat unter diesen Energien sehr gelitten. Auch von geistigen Problemen ihres Mannes hat Cosima Wagner berichtet.

Das zweite Arbeitszimmer Wagners im Norden des Obergeschosses hat ihn eher blockiert. Die 9 mit der 2 sorgt unter anderem für Verdauungsprobleme, und darunter hatte Richard Wagner wahrlich zu leiden, der Autopsiebericht im Todesjahr berichtet davon.

Fazit:

viele Menschen kommen schon gut zurecht mit einem Energiefeld, das der persönlichen Kua Formel gerecht wird. Spätestens im Alter ist es aber dringend geraten, auch den Flying Star Chart zu beachten. Wobei die 5 mit der 6 im Schlafzimmer zu den heftigsten Störungen gehört, da muss man schon eine Rossnatur haben, um selbige nicht zu bemerken. Bei einem Künstler – bei aller Skepsis gegenüber seiner Person, war doch auch Wagner irgendwo ein Sensibelchen – ist dies eher nicht gegeben.

Auch das Festspielhaus hat einen Chart mit Doppelter 1, ich erwähnte es bereits beim Kapitel über Schloss Linderhof. Der Erfolg Wagnerscher Musik ist weltweit enorm. Lange Zeit waren seine

Opern die am meisten gespielten auf der Welt. Auch heute noch wird überall Wagnersche Kompositionstechnik adaptiert. Kaum ein Hollywoodspetakel kommt aus ohne bei „Richi" musikalisch in die Schule gegangen zu sein. Natürlich kann man die Doppelte 1 am Festspielhaus und Villa Wahnfried dafür nicht allein verantwortlich machen, aber andererseits wurde Wagners Genius durch diese Gebäude auch nicht behindert. Im Gegenteil, seine Musik konnte frei in die Welt hinaus fließen.

12

Stalins Dadscha in Kunzewo
Rheuma statt Zuckerblues

Zwölf Autominuten vom Zentrum Moskaus entfernt lag die Dadscha, das Landhaus Stalins. Die letzten 18 Jahre seiner Herrschaft hat er dort gewohnt. Geboren am 18. Dezember 1878 ist er ein Westtyp mit der Glückszahl 5, sein Tierkreiszeichen ist der Tiger.

Südosten	Süden	Südwesten
Wu Kwei	**Lui Sha**	**Fu Wi**
Streit	Vitalitätsverlust	Wachstum
drittschlechteste Richtung	zweitschlechteste Richtung	viertbeste Richtung
Osten		Westen
Ho Hai	*Josef Stalin*	**Tien Yi**
Missgeschick	Glückszahl 5	Gesundheit
viertschlechteste Richtung		zweitbeste Richtung
Nordosten	Norden	Nordwesten
Sheng Qi	**Chueh Ming**	**Nien Yi**
Wohlstand	Finanzprobleme	Gute Beziehungen
beste Richtung	schlechteste Richtung	drittbeste Richtung

Die Dadscha sieht bei 211° nach Südwesten, es ist ein Südwest-1-Haus der Periode 4.

gute Zahlen: 4, 5, 6, 2, 7

6 9	2 5	4 7
3	8	<u>1</u>
5 8	7 1	9 3
2	**4**	6
1 4	3 6	8 2
7	9	5

Fliegende Sterne von Stalins Dadscha

Die Zufahrt zum Haus befand sich im Nordwesten der persönlichen Beziehungsrichtung von Stalin, der Eingang befindet sich im Nordosten, seiner Wohlstandsrichtung. Der Nordosten ist für ihn doppelt günstig, denn er ist auch die Richtung des Tigers, des chin. Tierkreiszeichens Stalins. Der Terrassen-Ausgang und die Erweiterung mit Konferenzsaal befinden sich im Süden, dies sorgt für Ruhm und Anerkennung aber auch für Gesundheitsprobleme. Das Haus wurde seit der Periode 4 bewohnt, seine grüne Farbe passt gut in diese Periode und wirkte dadurch recht günstig. Insgesamt ist es Stalin als Westtyp gelungen, schon im äußeren Rahmen vieles aus der Sicht des Feng Shui für ihn persönlich günstig zu gestalten. Ganz im Gegensatz zu Adolf Hitler!

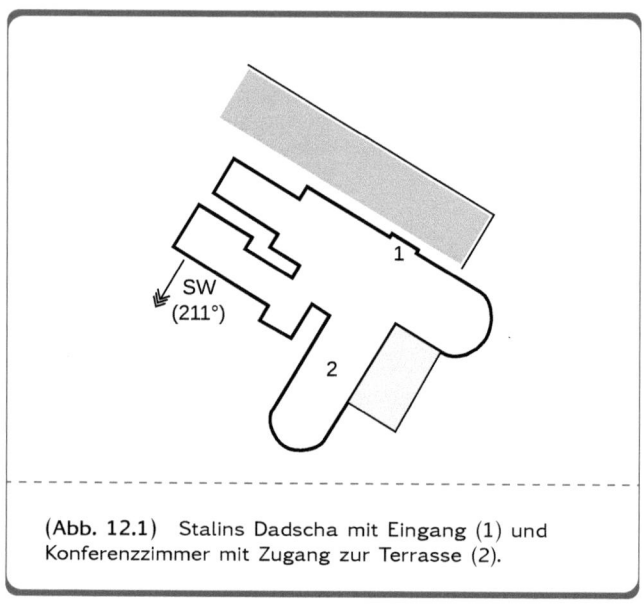

(Abb. 12.1)   Stalins Dadscha mit Eingang (1) und Konferenzzimmer mit Zugang zur Terrasse (2).

Ein Manko ist der „Durchzug" vom Nordosten nach dem Süden in gerader Linie. Dies aktiviert unruhige Energien. Eine Öffnung nur im Süden oder Nordosten wäre aus der Sicht des Feng Shui günstiger. Beide Richtungen mit Türen versehen, der Süden dabei sogar erweitert, das bringt Instabilität. Das erklärt bis zu einem gewissen Grade sein sonderbares menschenverachtendes Handeln. Und auch seinen verhältnismäßig frühen Tod. Er starb mit 74 Jahren an einem Schlaganfall. Ihm wurde von seinen Diadochen nicht geholfen, ärztliches Eingreifen verzögert. Das war unser Glück. Denn Stalin plante, die bolschewistische Revolution nach Westeuropa zu tragen! Also wieder Krieg. Dies behauptet zumindest Voslensky. Der Psychiater Prof. Bechterev hat Stalin persönlich untersucht, er diagnostizierte Paranoia. Die Urteile von Kollegen lauten auf Schizophrenie und paranoide Schizophrenie. [Vos91, S.163] Dazu passt die schattige Lage des Hauses. Umgeben von Wäldern ist die gesamte Anlage sehr yinlastig, dies ist im Feng Shui ein klassischer Hinweis auf geistige Erkrankungen.

Von der inneren Gestaltung des Hauses lies sich leider nur sehr wenig in Erfahrung bringen. Außer dass es labyrinthartig gestaltet sein soll, viele Zimmer barg und Stalin jede Nacht ein anderes Zimmer zum Schlafen wählte, aus Angst vor einem Attentat. Überhaupt soll Stalin sehr ängstlich gewesen sein, so ängstlich, dass er seine eigene Frau aus versehen erschoss, da er sie, als sie sich ihm von hinten näherte, für einen Terroristen hielt. Ein unübersichtliches Zimmerlabyrinth stärkt die abbauenden, yinlastigen Energien zusätzlich. So konnte Stalin seine Ängste nicht überwinden und ist letztlich daran gestorben. Denn seine Mitarbeiter hatten ebenfalls Angst. Sie fürchteten seinen Zorn und wagten es nicht nach dem Rechten zu sehen, obwohl sein Erscheinen überfällig war. So ist er dann im eigenen Urin liegend an Schlaganfall gestorben.

Insgesamt hat Stalins Haus aber etwas bessere Feng Shui Eigenschaften als das von Adolf Hitler.

Zufahrt zum Gebäude und Eingang zum Haus befinden sich in persönlich günstigen Richtungen von Stalin! Stalin zeigt damit trotz all seiner negativen Denkungsart noch mehr Bezug zu den Kräften des Chis, mehr Instinkt für gute Energien, als sein Kontrahent Hitler.

Im Flying Star Chart hat Stalin im Nordwesten, also an der Zufahrt, die Kombination 8/5/2. Der Wasserstern 2 war zu der Zeit günstig und brachte ihm durchgreifenden Erfolg gegenüber seinen Untergebenen und Mitstreitern und hohe Produktivität. Tatsächlich hat er ja seine Gegner und Verbündeten letztendlich über den Tisch gezogen. Wie jeder nachlesen kann, der sich mit der Geschichte des Zweiten Weltkriegs beschäftigt [Top90]. Die Acht wirkt sich schlecht auf den Familienfrieden aus. Stalin hat sein Frau erschossen, seinen Sohn in deutscher Gefangenschaft umkommen lassen und letztendlich waren alle russischen Staatsbürger für ihn als großen Diktator seine Kinder, die er in mehreren Säuberungsaktionen aus lauter Menschenangst einsperren und oftmals auch liquidieren lies. Der Fehlbereich im Südwesten unterstützt all die oben genanten Probleme! Wo der Südwesten fehlt geht es Frauen schlecht, leidet die Familie, oder wie in Stalins Fall das gesamte Volk. Stalin war ein mitleidloser Herrscher. Der Südwesten steht auch für Dauer und Bestand. Nach dem Tod Stalins war es mit dem Stalinismus vorbei! Stalins Herrschaftsstuktur hat seinen Tod nicht überlebt. Keine Selbstverständlichkeit, es hätte auch anders kommen können. Der Südwesten ist auch Stalins Bereich für persönliches geistiges Wachstum. Auch hier hatte Stalin nichts zu bieten, er war und blieb sein Leben lang ein verbrecherischer Tyrann.

Der Hauseingang befindet sich im Nordosten. Die Kombination 1/7/4 birgt einen tendenziell sehr günstigen Wasserstern, der für Erfolg und Anerkennung sorgt. Da der Nordosten ohnehin Stalins beste Richtung ist, ist dieser Aspekt natürlich äußerst günstig und kann gar nicht hoch genug bewertet werden! Die Eins als Wasserstern wirkt in der Periode 4 eher negativ, sie verstärkt durch ihre Yinlastigkeit die Ängstlichkeit Stalins und führt zu Isolation und Einsamkeit. Stalin hat viele Jahre allein in der Dadscha geschlafen und ist dort auch verlassen und vereinsamt gestorben. Die Eins zur falschen Zeit steht auch für Gewalteinwirkungen, und so hat er sich sicherlich zu Recht vor Anschlägen gefürchtet. Seine Angst war also nicht ganz unbegründet. Doch letztlich ist er seinem Schicksal nicht entkommen, auch wenn die Gewalteinwirkung eher passiv war, unterlassene Hilfeleistung durch die Mitarbeiter ist auch eine Form von Gewalt. Die Eins steht auch für Erkrankungen des rheumatischen Formenkreises und unter selbigen hatte Stalin in den letzten Jahren seines Lebens zu leiden. Er aß am liebsten Schaschlikspieß, war also kein Veganer wie Hitler, und hatte statt Zuckerblues eben Rheuma als klassische Folge einer „gesunden" Mischkost.

Die Erweiterung im Süden steht unter der Herrschaft der Kombination 2/5/8. Wasser und Bergstern sind recht günstig in der Periode 4 und sorgen für Führerschaft, hohe Produktivität und Ruhm

So fand Stalin immer wieder Mittel und Wege, trotz aller Schwierigkeiten und Rückschläge, mit denen er ganz unerwartet konfrontiert wurde, letztlich doch zurecht zu kommen und neue Lösungen zu finden. Lange Zeit schien es ausgemachte Sache, dass der Krieg gegen Deutschland verloren sei. Dass Stalin das Ruder noch herumreissen konnte wird durch den positiven Bergstern und der Erweiterung signalisiert. Auch der Bergstern 7 im Zentrum ist sehr günstig. Er sorgt unter anderem für Wortgewandtheit. Stalin konnte rhetorisch sehr überzeugend bei den Verhandlungen mit seinen Verbündeten auftreten. Insgesamt ist das Energiefeld von Stalins Dadscha deutlich besser als das von Hitlers Berghof. Aus der Sicht des Feng Shui, nicht nur der Geschichte, steht damit Stalin als Sieger fest.

13 Der Berghof am Obersalzberg
Regierungssitz mit „Ansbach-Syndrom"

Adolf Hitler wurde am 20.4.1889 geboren, sein chinesisches Tierzeichen ist das des Büffels. Seine Kua-Zahl ist die 3.

Südosten	Süden	Südwesten
Nien Yi	**Sheng Qi**	**Ho Hai**
Gute Beziehungen	Wohlstand	Missgeschick
drittbeste Richtung	beste Richtung	viertschlechteste Richtung
Osten		*Westen*
Fu Wi	*Adolf Hitler*	**Chueh Ming**
Wachstum	Glückszahl 3	Finanzprobleme
viertbeste Richtung		schlechteste Richtung
Nordosten	*Norden*	*Nordwesten*
Lui Sha	**Tien Yi**	**Wu Kwei**
Vitalitätsverlust	Gesundheit	Streit
zweitschlechteste Richtung	zweitbeste Richtung	drittschlechteste Richtung

Hitlers Berghof ist ein Nordwest-3-Haus der Periode 4.

4 4	8 9	6 2
3	8	1
5 3	3 5	1 7
2	**4**	6
9 8	7 1	2 6
7	9	**5**

Fliegende Sterne von Hitlers Berghof am Obersalzberg

Das Dritte Reich ist ein heikles Thema und ich habe lange überlegt, ob ich Hitlers Berghof in meine Sammlung berühmter Gebäude und deren Erbauer aus der Sicht des Feng Shui überhaupt aufnehmen sollte. Aber letztlich ist das Energiefeld des Berghofs als Spiegelbild für Hitlers menschliches und auch politisches Scheitern doch höchst interessant. Und Hitler ist nun mal ebenso wie Stalin ein Stück unserer deutschen und damit europäischen Geschichte, ob es uns nun passt oder nicht. Dieses Gebäude spiegelt wie kaum ein anderes die Persönlichkeit von Adolf Hitler wider. Und er hat es mindestens für ein Drittel des Jahres bewohnt, von hier aus regiert und die Welt in Angst und Schrecken versetzt.

Hitler war ein Osttyp. Das Haus war ein Nordwest-3-Haus mit der Blickrichtung nach Nordwesten bei 328°.

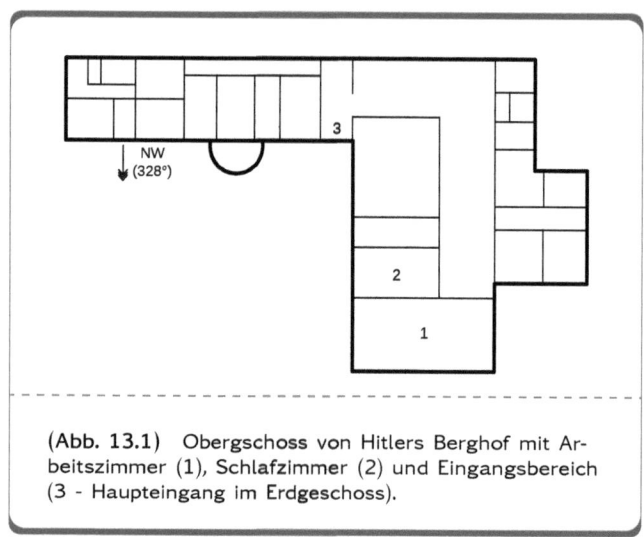

(Abb. 13.1) Obergschoss von Hitlers Berghof mit Arbeitszimmer (1), Schlafzimmer (2) und Eingangsbereich (3 - Haupteingang im Erdgeschoss).

Westen – Schlafzimmer mit tödlichem Ausgang

Ein Westhaus für einen Osttypen, so etwas ist schon mal eher ungünstig. Hinzu kommt das Schlafzimmer im Westen, der schlechtesten Richtung im Kua-Chart für Hitler: Chueh Ming, totaler Ruin, oder wie ich es in den Charts immer etwas diplomatischer formuliere „Große Verluste". Ich zitiere Lillian Too: „Meiden Sie die Richtung um jeden Preis, denn sie ist möglicherweise tödlich." Der Kopf Hitlers liegt beim Schlafen in Richtung Nordwesten, der persönlichen Wu Kuei Richtung. Wu Kuei heißt „die fünf Geister" (manche übersetzen auch mit fünf Teufel, dies sorgt für Beziehungspech, in milderen Fällen. Und sie öffnet das Tor zu negativen, jenseitigen Mächten. Das Feng Shui ist natürlich eine für uns aufgeklärte Westler recht abergläubisch und martialisch wirkende Lehre. Die Konsequenzen und Folgen, die erwartet werden, werden in einer archaischen Sprache formuliert, die die meisten Feng Shui Experten des Westens weitestgehend vermeiden. Negative Aspekte werden verniedlicht. Schonung ist angesagt. Dass an manchen Aspekten des Feng Shui durchaus was dran sein könnte, dass vieles ernster gemeint ist und auch ernster genommen werden darf, als es die westliche Softie-Herangehensweise an das Feng Shui aus psychologischen Gründen wagt, steht dabei auf einem anderen Blatt.

Fehlbereiche im Südwesten und Nordosten

Der Grundchart offenbart ein Fiasko. Sowohl der Nordosten als auch der Südwesten prunken mit Fehlbereichen. Hier sind Probleme und nur noch Probleme zu erwarten. Wer die Residenz Ansbach (Regierungssitz der Markgrafen von Brandenburg-Ansbach bis 1791) im Bayrischen Mittelfranken von oben betrachtet wird Folgendes feststellen: gigantische Fehlbereiche im Südwesten und Nordosten. Im Feng Shui bedeutet dies im schlimmsten Fall vorzeitigen Tod, schlechten Charakter, fehlenden Wohlstand, fehlende Gesundheit, geistige Probleme bis hin zur Geisteskrankheit, fehlende Rationalität und Unfruchtbarkeit. Der letzte Erbe des Fürstentums Ansbach verkaufte selbiges an Preußen. Etwas Besseres konnte er kaum tun, außer vielleicht eine neue Residenz nach den Regeln des Feng Shui zu bauen. Doch die Schuldenlast, die er vom Vorgänger übernommen hatte, war einfach zu gigantisch. Die letzten drei Vorgänger waren mit 25, 37 und zuletzt 45 Jahren verstorben, zum Energiefeld passend sehr vorzeitig.

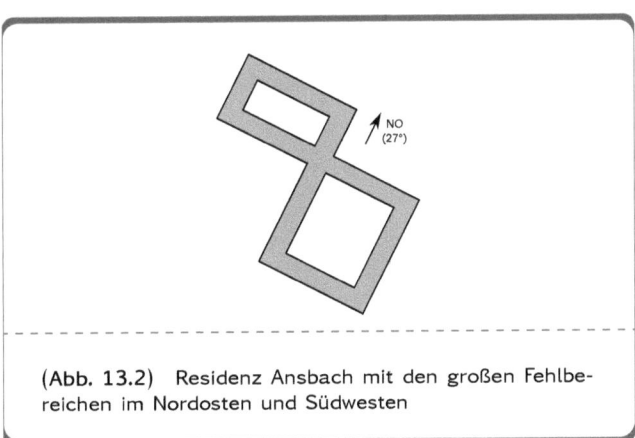

(Abb. 13.2)   Residenz Ansbach mit den großen Fehlbereichen im Nordosten und Südwesten

Auch Hitler blieb nicht mehr lange am Leben. Schon während des Dritten Reichs hatte der Wirtschaftsexperte und spätere Wirtschaftsminister und Kanzler der BRD eine Studie erstellt, die zu einem vernichtenden Urteil kam, was die finanzielle Situation des Dritten Reichs betraf. Ein Währungsschnitt, eine Währungsreform war für Ludwig Erhard aufgrund der ungezügelten Planwirtschaft unumgänglich. Auch dieses Desaster passt zu den Fehlbereichen.

Schlafzimmer – Sterne für Bettgeflüster

Interessant ist die 1 mit der 7 im Schlafzimmer des Diktators. Diese Zahlen sorgen für Liebesglück, aber auch rhetorisches Geschick. Hitler war ein Charmeur, der viele, auch recht gebildete Leute, nicht nur das Volk, in seinen Bann zog. Die 1 mit der 7 ist gut für Reisen, wohl mit ein Grund dafür, dass er bei all seinen Ausflügen trotz zahlloser Anschlagsversuche nie zu Schaden kam. Die 1 mit der 7 ist aber auch ein Indiz für rücksichtslose Konkurrenz.

Südosten – Gesang der Sirenen

Interessant ist auch die doppelte Vier als Sitzstern. Dies bedeutet eigentlich, dass man in einem solchen Gebäude uralt werden kann. Bei Hitler hat sie nur für kurzen, flüchtigen Erfolg gesorgt. Grund dafür ist die fehlende Rechtecksform. Die perfekte Gestaltung ist bei diesem Haustyp unabdinglich! Das Nordwest-3-Haus ist aus der Sicht des Feng Shui ein Fan Fu Yin-Haus, auf Englisch heißt dies: Hidden Siren, am besten übersetzt mit Verstecktes Alarmsignal. [Ski03, S. 160 ff.] Wer auf dieses Signal nicht hört und sofortiges Handeln ausbleibt, der muss mit den Folgen leben, auch wenn es in den meisten Fällen eben nicht lange ist.

Zentrum – Drohendes Unheil

Der Stern 5, wenn er, egal ob als Berg- oder Wasserstern, im Zentrum auftaucht, bringt schweres Unglück, falls Grundstücks- und Gebäudeform nicht ordentlich, also rechteckig gestaltet sind. Das alles ist zu viel des Schlechten im Falle des Berghofs, das kann eigentlich nur noch schief gehen. Die Doppelte Vier sorgt zwar auch für Anziehungskraft auf das andere (oder auch eigene) Geschlecht, aber es war nur noch eine Liebe, die ihn und Eva Braun in den Tod führte, noch dazu mit einer Schusswaffe. Verletzungen mit Metall, auch dafür steht die 1 mit der 7. Letztlich war Hitler, wie auch Wilhelm II., bei allen und zum Teil recht erheblichen Unterschieden, eine Persönlichkeit, die eine ziemlich heftige Kindheit durchlitten hat. Die damals im deutschen Sprachraum inflationär verbreitete Methode der Schwarzen Pädagogik durfte er „genießen". [Mil83, S. 169 ff.]

Nekrophile Farbenpädagogik

Die angewandte Erziehungspraktik sorgt, ohne an dieser Stelle die Person Hitlers oder gar die gesellschaftliche Ordnung der damaligen Zeit weiter zu bewerten, für Instinktlosigkeit, Unfähigkeit den Fluss der Lebensenergie für sich positiv zu nutzen! Am Beispiel Wilhelms II. haben wir das ja bereits kurz angesprochen. Interessant ist in diesem Zusammenhang der Vergleich der Kindheitsgeschichte von Chaim Soutine (1893 – 1943), dem Zeit- und Berufskollegen von Adolf Hitler. Der eine war ein erfolgreicher, der andere ein erfolgloser Künstler. Beide wurden in ihrer Kindheit geprügelt: „Obwohl beide geschlagene Kinder waren und für ihren Wunsch, Künstler zu werden, schwer gestraft wurden, ist es völlig undenkbar, dass ein Mensch wie Adolf Hitler in der Familie eines armen jüdischen Schneiders in Odessa hätte aufwachsen können. Ebenso undenkbar ist, dass der Maler Soutine sein differenziertes Farbempfinden und seine Fähigkeit, Leiden auszudrücken, als Sohn eines Alois Hitler in Braunau hätte entwickeln können." [Mil88, S.137 f.] Der Mensch ist nicht nur aber doch auch eine Maschine, „mehr Affe als irgendein Affe", wie es Nietzsche so schön formuliert hat. Konditionierung, auch der negativen Art, durch falsche Erziehung ist dadurch nicht nur möglich sondern sogar wahrscheinlich. Aber dennoch wird das ganze Gebiet immer noch tabuisiert, mit einem Bann der Ignoranz belegt. Aus der Sicht des Feng Shui kann eine extrem lebensfeindliche Erziehung für den Verlust positiver Chis sorgen, verbunden mit einer Neigung zu negativen Energien, die sich dann auch in der Auswahl der persönlichen Wohnräume widerspiegelt.

Die Kopflose Reichskanzlei

Auch die neue Reichskanzlei hatte im Nordosten des Gartens einen Fehlbereich. Der Nordosten ist im Feng Shui nicht nur der Bereich für kompetente, klare Köpfe, er ist auch die Sphäre und der Weg der Ahnen. Das Einfallstor für das Schattenreich, im positiven wie im negativen Sinn. Eine Fehlgestaltung des Nordostens – ein Fehlbereich ist eben eine solche, genauso wie eine übermäßige Erweiterung – weckt unruhige, unerlöste Seelen. Schlechte Traditionen werden aufgenommen oder fortgeführt. Hinzu kommt, dass Hitler vom Tierzeichen her ein Büffel war. Seine Richtung ist der Nordosten. Er hätte, um sein Leben grundsätzlich realitätsorientierter zu gestalten und in guter Tradition handeln zu können, unbedingt einen störungsfreien Nordost-Sektor gebraucht. Der gigantische Fehlbereich im Nordosten des Berghofs signalisiert mehr als ein tragisches Fanal. Die Geister, die Hitler rief, wurde er nicht mehr los, und auch uns halten sie immer noch in Bann.

Claude Monet und sein Garten in Giverny
Im Anfang war das Licht

Monets Garten in Giverny ist ein Lehrstück für plötzlichen Reichtum mit sehr gutem Feng Shui!

Claude Monet, der wohl bedeutendste Maler des Impressionismus, wurde am 14. November 1840 geboren. Er starb am 25. Dezember 1926 im Alter von 86 Jahren. Seine Glückszahl ist die 7, er ist ein Westtyp. Da sein Tierzeichen das der Ratte ist, ist der Eingang im Norden, trotz der Kua-Zahl 7, für ihn grundsätzlich günstig und sorgt besonders gut für eine steile Karriere.

Südosten	*Süden*	*Südwesten*
Lui Sha	**Wu Kwei**	**Tien Yi**
Vitalitätsverlust	Streit	Gesundheit
zweitschlechteste Richtung	drittschlechteste Richtung	zweitbeste Richtung
Osten		*Westen*
Chueh Ming	*Claude Monet*	**Fu Wi**
Finanzprobleme	Glückszahl 7	Wachstum
schlechteste Richtung		viertbeste Richtung
Nordosten	*Norden*	*Nordwesten*
Nien Yi	**Ho Hai**	**Sheng Qi**
Gute Beziehungen	Missgeschick	Wohlstand
drittbeste Richtung	viertschlechteste Richtung	beste Richtung

Seine Frau Alice wurde am 19.2.1844 geboren. Sie starb am 19.5.1911 im Alter von 67 Jahren. Ihr Sternzeichen ist das des Drachen. Die herrliche Teichfläche im Südosten hat sie von daher doppelt günstig beeinflusst. Der Drache residiert im Südosten und ihre Kua-Zahl ist die 3. Sie ist ein Osttyp. Ein Teich im Südosten stärkte besonders ihr Beziehungsglück, die Ehe dürfte von daher recht glücklich verlaufen sein.

Südosten	*Süden*	*Südwesten*
Nien Yi	**Sheng Qi**	**Ho Hai**
Gute Beziehungen	Wohlstand	Missgeschick
drittbeste Richtung	beste Richtung	viertschlechteste Richtung
Osten		*Westen*
Fu Wi	*Alice Monet*	**Chueh Ming**
Wachstum	Glückszahl 3	Finanzprobleme
viertbeste Richtung		schlechteste Richtung
Nordosten	*Norden*	*Nordwesten*
Lui Sha	**Tien Yi**	**Wu Kwei**
Vitalitätsverlust	Gesundheit	Streit
zweitschlechteste Richtung	zweitbeste Richtung	drittschlechteste Richtung

Claude Monet und sein Garten in Giverny

8 5	3 1	1 3
1	**6**	8
9 4	7 6	5 8
9	**2**	4
4 9	2 2	6 7
5	7	3

Fliegende Sterne von Haupthaus in Giverny

Das Haus blickt bei 189° nach Süden, ist also ein Süd-2-Haus. Gekauft wurde das Haus 1890, es gehört somit der Periode 2 an. Gute Zahlen sind in dieser Periode die 2, 3, 4, brauchbar ist die 1.

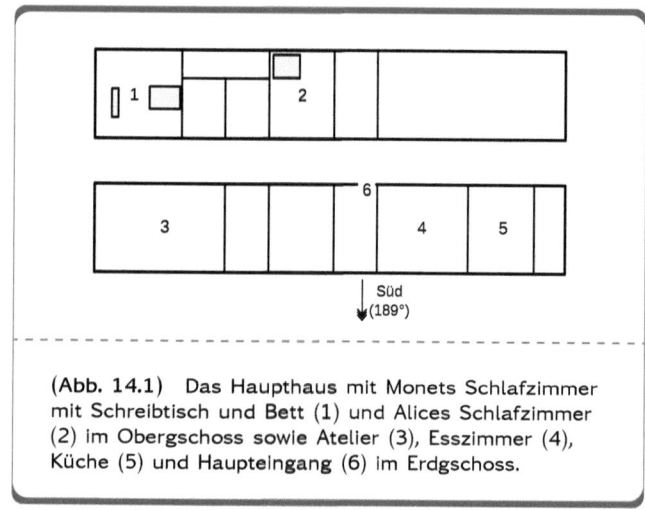

(Abb. 14.1) Das Haupthaus mit Monets Schlafzimmer mit Schreibtisch und Bett (1) und Alices Schlafzimmer (2) im Obergschoss sowie Atelier (3), Esszimmer (4), Küche (5) und Haupteingang (6) im Erdgeschoss.

Der Garten Claude Monets in Giverny ist für mich einer der schönsten Orte der Welt. Kurz nachdem Monet das Haus bezogen hatte ging es mit ihm aufwärts. Musste er beim Einzug noch um Geld betteln, hatte sich sieben Jahre später seine finanzielle Situation deutlich verbessert. Die Gemälde konnte er nun plötzlich zu horrenden Preisen verkaufen[1], dies zu wissen macht das Gebäude aus der Sicht des Feng Shui höchst interessant!

---

[1] Die Kosten für den Hauskauf betrugen 22000 Franc. 1889 verkaufte er u.a. das

Claude Monet und sein Garten in Giverny

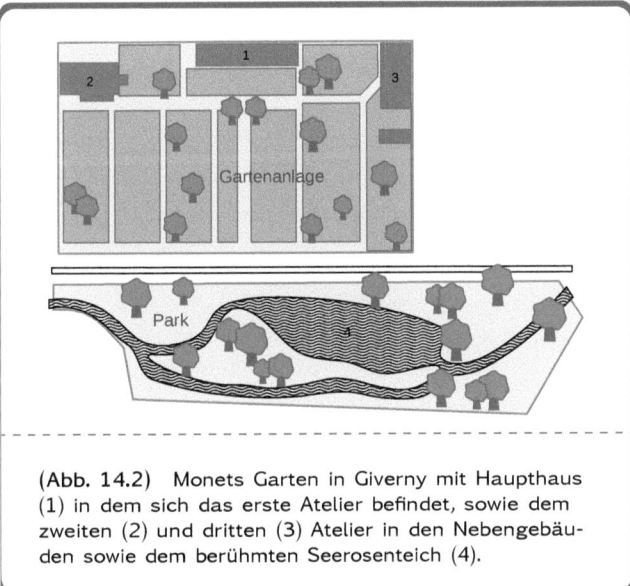

(Abb. 14.2)   Monets Garten in Giverny mit Haupthaus (1) in dem sich das erste Atelier befindet, sowie dem zweiten (2) und dritten (3) Atelier in den Nebengebäuden sowie dem berühmten Seerosenteich (4).

Ein weitläufiger Garten schafft Raum für Wohlstand

Zunächst einmal befindet sich das Gebäude im Norden des Grundstücks und hat viel Raum, viel Gartenfläche im Süden. Dies gilt im Feng Shui als Garant für immensen Reichtum, wenn genügend Grund hinter dem Haus – sozusagen in der Hinterhand – vorhanden ist, um das Chi des Reichtums einzufangen. Das Haus, das Monet vorher jahrelang in Vétheuil bewohnt hatte, hatte diese Eigenschaft nicht. Im Gegenteil, es befand sich gleich hinter dem Haus eine sich jäh auftürmende Felswand. So wird der Wohlstand blockiert. Aus dieser Blockade befreit hat Monet vermutlich ein gemieteter Garten, den er überschäumend mit Sonnenblumen bepflanzte. Dies gibt gutes Feng Shui und half ihm dabei, seine Situation zu überwinden. Das Bild von Monets Garten in Vétheuil aus dem Jahre 1881 gibt beredtes Zeugnis davon ab. [Kel82, S. 53] Sonnenblumen stehen wie kaum eine andere Pflanze für Wohlstand und Fülle.

Bild *Truthähne* für 12000 Franc. 1883, vor dem Aufbruch nach Giverney, hatte er kaum noch Geld. Sechs Jahre später erzielten seine Bilder sensationelle Preise und er konnte das Haus, in dem er bisher nur zur Miete lebte, im Jahr 1890 ohne Probleme kaufen.

Gartenteich mit den Lieblingsblumen der Frau Holle

Im Südosten, dem Herrschaftsgebiet der Venus, befindet sich im Garten von Giverny der berühmte, wunderschöne Seerosenteich. Eine Wasserfläche hier ist eine klassische Feng Shui Maßnahme, die für Wohlstand und Reichtum, aber auch fröhliche und weite Reisen sorgt. Beides – Wohlstand und ferne Reisen – hat der Teich dann tatsächlich gebracht. Hinzu kommt der Einsatz der Seerose, sie ist eine der heiligsten Pflanzen der Großen Göttin, der Magna Mater, neben Lilie und Lotusblume. Besser geht es fast nicht. Und dann diese Blütenpracht im Garten, vom Frühjahr bis in den Herbst hinein sorgte Monet für ein gewaltiges Farbenspiel. Die wichtigsten und meisten Werke in seiner Bibliothek waren dem Gartenbau und der Botanik gewidmet. So konnte Monet fantastische Arrangements selbst zaubern. Er war zusammen mit seinem Gärtner Fachmann dafür. Dies gibt sehr gutes Chi. Blühende Pflanzen, in großer Menge, allein mit dieser Methode arbeitet ein sehr erfolgreicher Bekannter von mir als Feng Shui Berater. Überall und immer im Haus und im Garten wird für Üppigkeit gesorgt. Das bringt Lebensfreude und Energie pur.

Japanische Chi-Generatoren

Auch das Haus Monets ist mit seiner Inneneinrichtung ein einziges Feng-Shui-Schmuckkästchen. Da ist zunächst einmal das gelbe, prächtige Speisezimmer. Gelb steht für Autorität und Heiterkeit, für das Joviale. Es gibt keine bessere Farbe für einen Raum, in dem sich der Hausherr seinen Gästen präsentiert. Im Esszimmer hängen japanische Motive: Bilder mit Kranichen und Kiefernbäumen, sie vermitteln langes Leben. Bilder sich fröhlich tummelnder Fische sorgen für Karriereglück und Erfolg.

Die herrlichen Fenstergitter der Eingangshalle bewahren vor schlechten Energien, denn sie vermeiden die Kreuzform, die als Quelle von schlechtem, schneidendem Chi gilt. Monet befolgt vermutlich rein instinktiv Feng Shui Regeln, die die wenigsten im Westen kennen. Das Bodenmuster in der Eingangshalle ist ein weiteres Phänomen, mit seiner Anordnung von Dreiecken ist es ein Chi-Generator par excellence. Roter Hausanstrich, grüne Fensterläden, blaue und „duftige" grüne Zimmer. Alle wichtigen Farben und damit alle Arten von Chi finden in dieses Gebäude Einlass. Dies ist gutes, dies ist bestes Feng Shui.

Claude Monet setzt seine Glücksformel souverän um

Doch nicht genug damit, Monet arbeitet auch mit seiner persönlichen Kua-Formel, er macht dabei fast alles richtig. Monet ist ein Westtyp. Das Schlafzimmer nimmt den gesamten Westen, Südwesten und Nordwesten des Gebäudes ein. Dies bringt Wohlstand, Wachstum, Gesundheit. Auch das zweite Atelier, ein separates Gebäude, liegt im Nordwesten der Gesamtanlage. Der Nordwesten steht ja für Wohlstand bei Monet. Und allgemein ist der Nordwesten die beste Himmelsrichtung für den Meister des Hauses! Sein drittes Atelier, in dem er seine wunderschönen Seerosenbilder in immer wieder neu variierten Lichtstimmungen auf die Leinwand warf, liegt im Nordosten, seiner drittbesten Richtung. Sie sorgt für Beziehungsglück, und so ist es kein Wunder, dass er mit diesen Bildern seine größten Erfolge feierte, damit bei seinen Fans besonders gut ankam. Und irgendwie passend zum Grundthema des Nordostens sind sie wohl seine „feinstofflichsten" Bilder, alles scheint nur noch Licht zu sein, oszilliert, verliert sich in geistigsten Tiefen.

Das Bett steht im Osten des Schlafzimmers, das ist nicht so günstig, vor allem die Schlafrichtung des Kopfes Richtung Osten ist wegen der Kua-Zahl 7 (Osten steht für große Verluste) als recht problematisch zu betrachten. Jedoch herrscht im Osten im Flying Star Chart die 4 mit der 9 und sorgt für Kreativität. Der Wasserstern 4 ist in Periode 2 und den späteren Perioden als positiv zu werten. Dies bedeutet, die Kreativität bleibt erhalten. Die negativen Wirkungen der 4 bleiben auch in späteren Perioden außen vor. Im Nordwesten herrscht die 6 mit der 7. Dies gilt als gut fürs Geld, sorgt aber auch für Konkurrenz im Beruf. Monet hat dieses Problem mit links gemeistert und seine Konkurrenz weit hinter sich gelassen. Die 5 mit der 8 befindet sich im Westen, dort lag Monets Schreibtisch im Schlafzimmer und sorgt eigentlich wegen der 5 für schwere Krankheiten. Nichts davon ist mir aber aus dem Leben Monets bekannt. Auch diese Störung im Flying Star Chart hat er hervorragend gemeistert. Die Doppelte 2 als Sitzstern, also nicht in der Blickrichtung, ist ein Signifikator für langes Leben. Monet wurde 86 Jahre alt!

Alice mit Wundergarten – Grobstoffliche Probleme im Feng Shui Paradies

Etwas Kopfzerbrechen bereitete mir die energetische Situation seiner Frau Alice. Sie wurde „nur" 67 Jahre alt, starb an Leukämie. Sie residierte im Norden, ihrer Gesundheitsrichtung, zusammen mit der förderlichen Doppelten 2. Vom feinstofflichen Energiechart her hätte sie eigentlich älter werden müssen. So meine Meinung. Immerhin hat sie fast vierzig Jahre in Giverny verbracht. Freilich wurde bei den Monets auch üppig getafelt, die auch heutzutage bei vielen immer noch als gesund betrachtete Mischkost wurde hemmungslos serviert, es wurde der Völlerei gefrönt. Das verträgt nicht jeder. Vor allem nicht jede! Leukämie ist, man kann dies heute wissen, eine typische Zivilisationskrankheit, hervorgerufen wie so viele andere Krankheiten durch ein Übermaß an Kohlenhydraten. [Ehr01] Nicht immer kann ein feinstofflich hervorragendes Energiefeld grobstoffliche Fehler ausgleichen. Gott sei Dank wissen wir heute mehr. Low Carb Diät ist angesagt, entweder vegetarisch, wie sie der hervorragende Klassiker von Emmet Densmore: „How Nature Cures" oder Helmut Wandmaker empfehlen, oder eben klassisch wie zum Beispiel bei Johannes F. Coy, Walter Lutz: Leben ohne Brot, und anderen Autoren.

Der Zauber von Giverny – Selbstversorgung garantiert lukullische Freuden

Insgesamt war Giverny ein kleines Stück Paradies. Die Monets hielten sich Hühner und anderes Geflügel, hatten einen großen Gemüsegarten, angelten im nahen Fluss, sie waren Selbstversorger, dementsprechend gut hat das Essen sicher auch geschmeckt. Und wer, wenn er schon unbedingt Fleisch essen will, die Tiere selber und anständig hält, verschafft sich sicher bessere persönliche Energien, als so mancher verbiesterte Biomarkt-Veganer oder gar konventioneller Fleischfresser mit ihren Lebensmitteln aus der konventionellen Wirtschaft und der dort praktizierten, in vielerlei Hinsicht eher fragwürdigen „Produktgewinnung".

Um es kurz zu sagen: Ein naturfernes, urbanes Leben bringt eher kein gutes Feng Shui, kein glückliches Leben, darüber sollte jeder/jede ruhig mal sinnieren. Was ist dabei, zumindest im Alter zurück aufs Land zu gehen und mit Hilfe der Natur, mit Hilfe eines naturnahen Lebens sich vital, gesund und geistig fit zu erhalten? Monet hat diesen Weg erfolgreich beschritten. Er war ein Aussteiger lange bevor es gesellschaftsfähig wurde.

Eine Nachbemerkung kann ich mir hier nicht verkneifen. Gemäß der Lehre des indischen Vastu ist das Haus ganz schlecht platziert. Ein Vastu-Experte hätte vom Kauf des Hauses unbedingt abgeraten, denn Armut und Misserfolg wären sonst zu erwarten. Warum? Das Haus steht im Norden ganz an der Grenze des Grundstücks. Die guten und wichtigen Energien des Nordens werden somit an ihrem Zutritt gehindert. Das Feng Shui sieht es genau anders herum. Eine große Gartenfläche hinter dem Gebäude sorgt dafür, dass der Reichtum für die Bewohner gesammelt werden kann. Ein weiterer Aspekt kommt noch hinzu. Der Bergrücken im Norden und Nordosten hinter dem Haus! [Sag13, S. 114-116] Aus der Sicht des Landschafts-Feng Shui ist dies sehr günstig. Das indische Vastu erwartet hingegen Armut und Ruin. (siehe dazu auch Kapitel 9 in meinem Vastu-Buch [Tri16]) Dass das Feng Shui hier wohl eher recht hat belegt die Erfolgsstory von Monet. Ein Praxistest lohnt sich immer und er fällt meiner Erfahrung nach öfter zu Gunsten des Feng Shui als zu dem des Vastu aus. Doch dies nur nebenbei. Einige Regeln des Vastu sind allgemein gesprochen richtig, andere korrekturbedürftig. Feng Shui und Vastu sind zwar nur Grenzwissenschaften, aber damit doch auch Wissenschaften und keine dogmatischen Heilslehren. Fehler schleichen sich ein. Nur Theologen und andere Gläubige haben immer recht.

Teil II.

Theorie

Die Grundmatrix
Die Pa Kua Formel und die Acht Lebenswünsche

15

Eines der wirksamsten Hilfsmittel im Feng Shui ist die Pa Kua Formel. Pa Kua heißt übersetzt *Der Körper des Drachens*. Wir haben es hier also mit der Energie des Drachens zu tun, dem höchsten und heiligsten Tier der Chinesen. Als entsprechend wirksam gilt die Formel!

Jede Himmelsrichtung hat ihre besonderen Qualitäten und hilft uns, unsere Lebenswünsche zu erfüllen. Der Drache ist dabei ein Synonym für die Verbindung des Himmels mit der Erde. Die Kräfte des Kosmos sollen uns auf Erden nutzbar gemacht werden, um uns vor Unheil und Stagnation zu bewahren. Im Grunde geht es um die Errichtung eines heiligen Raumes, eines heiligen Bezirks. Wenn wir die ältesten Sonnentempel der Welt betrachten, wird das Ganze anschaulich.

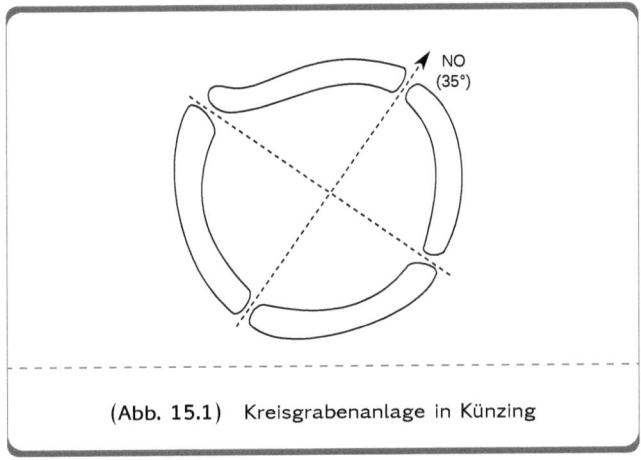

(Abb. 15.1) Kreisgrabenanlage in Künzing

Uralte Sonnentempel wie die Kreisgrabenanlage in Künzing (Mitteleuropa, 5000 vor Christus), verbinden durch ihre Funktion symbolisch Himmel und Erde. Die Eingänge liegen im Nordosten, Südosten, Südwesten und Nordwesten. Den Bereichen des Sonnenaufgangs im Sommer (Nordosten) und Winter (Südosten) und denen des Sonnenuntergangs im Winter (Südwesten) und Sommer (Nordwesten), also dem Jahreskreislauf der Sonne. Diese Aspekte sind eine wichtige Grundlage zum Verständnis des Feng Shui.

Zunächst geht um die Messung der Zeit, um den kosmischen Rahmen. Die Zeit des Winters ist die Zeit der Schatten und der Dunkelheit, aber auch des Neustarts und damit der Geburt. Der Same liegt breit in der Erde um zu keimen. Der Norden ist sozusagen die Region des Startschusses! Deshalb wird das Karriereglück, der Karrierestart besonders durch die Aktivierung des Nordens gefördert. Ohne Bildung und Ausbildung ist keine Lebensreise und kein guter Start zu einem erfolgreichen Leben möglich. Am Anfang steht also die Bildung, das Streben nach Wissen des „Frischlings". Der Nordosten steht deswegen für Bildungsglück. Der Osten bringt mit dem Sonnenaufgang Wachstum und Gesundheit. Seine Jahreszeit ist die Frühlings-Tag- und Nachtgleiche.

Der Eingang hier galt den Römern als am allergünstigsten. Die Zeit der Frühjahrs, symbolisiert durch den Osten, steht für Vitalität wie kein anderer Bereich des kosmischen Rahmens. Der Südosten setzt das Wachstum fort. Jahreszeitlich steht er für den Mai. Und im Südosten geht im Winter die Sonne auf. Dort ist immer die solare Energie vorhanden! Dies gilt als extrem günstig. Im Kaso, dem japanischen Pendant zum Feng Shui sagt man, dass ein Eingang hier für Wohlstand und Reichtum sorgt. Auch in einer der ältesten Siedlungen der Welt, im anatolischen Catal Hüyük (7500 vor Christus), war der Eingang immer im Südosten. So alt ist diese Tradition! [Mel67]

Alles wächst und grünt und dies ist auch der Grund, warum die Lebensenergie, das Chi, wie es die Chinesen nennen, in diesem Sektor mit der Grünkraft der üppigen Wachstumsenergie der Pflanzen assoziiert wird. Da das Wasser im Kreislauf der Elemente (siehe Kapitel 18 auf Seite 169) das Holz nährt, ist auch ein Wasserbecken besonders gut, um den Südosten zu stärken und damit Wohlstand und Fülle zu ermöglichen. Im Süden erreicht die Sonne ihren Höchststand, wir haben hier die Zeit des Höchsten Yang, der stärksten nach außen wirkenden Energien. Hitze macht hitzig und zornig, dies ist die Richtung des Kämpfers, des Kriegers und auch des Erfolges. Das chinesische Tierzeichen des Pferdes wird diesem Sektor zugeordnet, denn es ist ein sehr feuriges Tier. Der Büffel leitet den Jahreskreis im Nordosten ein, denn er ist das Lebewesen, mit dessen Hilfe die Felder zum Beginn des Jahres beackert werden.

Der Hase steht im Osten, passend zur Osterzeit. Als extrem fruchtbares Tier leitet er den Reigen des Wachstums ein. Doch zurück zum Süden. Mars steht auch für den Krieger, der mit dem Speer als Waffe im Wettbewerb um das sakrale Königtum den Kampf um die Nachfolge antritt. Der Speer trifft den Vorgänger tödlich, der nun seine Unterweltfahrt im Südwesten antritt, um dann wiedergeboren zu werden. Und dies ist auch der ursprüngliche Grund, warum Subramania (Gottheit und Herrscher des Südens im indischen Vastu) den Speer als Symbol bei sich trägt. Der Südwesten hat von daher eine doppelte Bedeutung. Er ist zunächst einmal ein Weihnachtspunkt, den im Südwesten geht die Sonne zur Winterszeit unter. Und er steht damit für die Neugeburt des göttlichen Sonnenkindes. Der tote Sakralkönig wird durch den Wiedergeburtsvorgang sein eigener Nachfolger.

Im Südwesten steht neben den Themen Tod und Zerstörung auch das Wissen um die Wiedergeburt. Die Göttin Kali wird diesem Bereich im Vastu als Todesdämonin zugeordnet. Die Chinesen sehen diesen Sektor positiver und lassen hier Kuan Yin, die Göttin der Barmherzigkeit, thronen. Kuan Yin schenkt neues Leben, neues Kinderglück, sie ist der positive Aspekt der Großen Göttin, die Frau Holle der chinesischen Mythologie. [Pae86]

Im Westen geht die Sonne unter. Und so ist der Südwesten auch der Startpunkt des Herbstes, der Nachtseite des Lebens, der Reife und Vollendung. Im Westen liegt dann die Insel der Seeligen, die in Gestalt der Kinder fröhlich verspielt im Reich der großen Göttin auf ihre Wiedergeburt warten. Und dies ist der Grund warum sowohl in China als auch Indien dieser Bereich als ideal für das Kinderzimmer und für alles verspielte und technische betrachtet wird.

Der Nordwesten ist dabei besonders interessant. Im Sommer geht die Sonne im Nordwesten unter, sie erreicht hier ihren höchsten Stand, sie steht dort für Vollkommenheit und Höhepunkt der Macht. Die Sonne wird symbolisch dem Mann zugeordnet und so ist es kein Wunder, dass dieser Bezirk als besonders vorteilhaft für den Herrn der Schöpfung, den Familienvater gilt. Hier ein Schlafzimmer zu haben bedeutet für Männer höchsten Erfolg. Die schneidende Energie des „militärischen" Metalls wird diesem Bereich zugeordnet. Metall ist dabei aber recht doppelwertig, es steht auch, vor allem wenn es silbern glänzend ist, für die Kräfte des Mondes. Und da im Westen die Dunkelheit zunimmt steigen auch die Kräfte des Mondes als primäres Nachtgestirn im Westen und Nordwesten immer mehr empor. Im Norden liegt schließlich der Punkt der höchsten Dunkelheit. Hier scheint bei uns und auch in China niemals die Sonne. Deshalb herrscht hier die höchste Yin-Last, die größtmögliche Ruhe, bevor der Zyklus des Lebens von neuem beginnt.

Die Grundmatrix

Die einzelnen acht Wünsche an das Leben sind kurz gefasst: Karriere (Norden), Bildungsglück (Nordosten), Gesundheit (Osten), Wohlstand und Fülle (Südosten), Ruhm und Anerkennung (Süden), Familienglück und Partnerschaft (Südwesten), Kreativität und Kinderglück (Westen), Autorität, Erfolg und Anerkennung (Nordwesten) und am Ende Ruhe und Erholung wieder im Norden. In den nächsten Kapiteln folgt eine Darstellung der einzelnen Himmelsrichtungen, ihrer Qualitäten und wie selbige für uns am besten aktiviert werden. Über die Pa Kua Formel ist ja schon viel und ausführlich geschrieben worden. Mir schien es angebracht, statt langen Texten einfach eine kurze, prägnante Zusammenfassung zu liefern, die dem Leser ein schnelles Umsetzen ermöglicht. Viel Spaß dabei!

Grundmatrix Nordosten

JAHRESZEIT: Januar, Februar
TAGESZEIT: 3 Uhr nachts
SONNENLAUF: Sonnenaufgang im Sommer, beginnendes Yang
TIERZEICHEN: Büffel, Tiger
PLANET: Jupiter
MYTHOLOGISCHE GESTALTEN: Soma, Hebe, Ganymed, alle Träger des göttlichen Lebenselixiers.
SYMBOLE: Buddhastatue, Kristallkugel
ELEMENT: Erde
ZAHL: 8
STABILISSIERNDES CHI: Farbe Gelb, prächtige Steine, Tongefäße, allgemein das Chi der Erde.
VERBESSERNDES CHI: Feuer, zum Beispiel in Form von Kerzen oder der Farbe Rot.
BERUHIGENDES CHI: Chi des Metalls, Porzellanschale mit Salz, Klangspiele aus Metall.
EIGENSCHAFTEN: Wissbegierde, Kampfgeist, Motivation, klarer Kopf, Konkurrenzdenken, Lernen, Bildung, Entscheidungsfreude, einen Deal machen, Vererbung, die Ahnen, Tor zum Geisterreich, dem Leben Richtung geben.
GEFAHREN: sehr kritische Einstellung, zwanghaftes Verhalten, impulsiv, Workaholic, sich nicht entspannen können, nörgeln, reizbar, angespannt, Besitz ergreifend. Schnelles, scharfes Chi, das zu Gesundheitsproblemen führen kann, aber auch die Geistigkeit fördert. Stabilisierung erfolgt mit dem Chi der Erde oder dem des Metalls.

ERWEITERUNG IN DIESEM SEKTOR: Motivierend, Sie sind bereit, hart zu arbeiten; unruhige Energien, die zu plötzlichen Veränderungen führen können. Möglicherweise Verwundbarkeit gegen äußere, negative spirituelle Einflüsse. Sie werden mit dem Chi des Nordostens überschwemmt, dies bringt Unglück, oftmals extremen Materialismus (Geiz) und despotisches Verhalten.

FEHLBEREICH IN DIESEM SEKTOR: schwächt die Motivation, Probleme bei der Familiengründung, Nachteile bei der Erbschaft.

WASSER: Wasser im Nordosten stört dort das Chi der Erde massiv, dies kann zu Instabilität und unerwarteten Veränderungen führen. Ebenso kann die Gesundheit bedroht sein.

Ein Bhudda mit Kristallkugel für den Nordosten.

TIPP: Um das Chi dieses Sektors und damit das Bildungsglück zu fördern, geben Sie eine Kristallkugel oder eine Konfuziusstatue in diese Richtung.

Grundmatrix Osten

JAHRESZEIT: Frühjahr
TAGESZEIT: Tagesanbruch, 6 Uhr morgens
SONNENLAUF: Sonnenaufgang
TIERZEICHEN: Hase
PLANET: Sonne

Mythologische Gestalten: Apollo
Symbole: Blumen, Bäume, Wälder, Musikinstrumente.
Farbe: Grün
Element: Holz
Zahl: 3
Familienmitglied: ältester Sohn
Stabilisierendes Chi: Farbe, Holz, prächtige hohe Pflanzen.
Verbesserndes Chi: Chi des Wassers in Form eines Zimmerspringbrunnens oder der Farbe Blau.
Beruhigendes Chi: Chi des Feuers, Rote Farbe, Helles Licht, Kerzen.
Eigenschaften: Gesundheit, Vitalität, Familie, Marktauftritt, Start, Aktivität, Selbstvertrauen, Durchsetzungswille.

Ein Drache stärkt den Ostsektor besonders.

Gefahren: Ärger, Frustration, Reizbarkeit, Ungeduld, Fehler machen, Übermäßiger Ehrgeiz, Rücksichtslosigkeit, zu starkes Karrierebewusstsein, zu viele Dinge gleichzeitig, Erschöpfung durch Überaktivität.
Türe: Günstige Richtung vor allem für junge Leute, die eine Karriere aufbauen wollen.
Erweiterung in diesem Sektor: Begünstigt Karriere und Geschäfte. Eine große Erweiterung führt zu übermäßig viel Energie, es fällt

schwer, sich zu entspannen. Hyperaktivität, unrealistische Erwartungen, übermäßiger Ehrgeiz können die Folge sein.
Fehlbereich in diesem Sektor: Kinder der Familie haben Probleme, fehlender Antrieb, fehlende Motivation.
Wasser: Wasser ist in diesem Sektor sehr günstig. Das hier vorherrschende Chi des Holzen wird durch Wasser unterstützt, dies fördert Gesundheit, Aktivität und die Verwirklichung von Träumen.
Klassische Feng Shui Massnahme um den Sektor zu stärken: Eine oder besser drei hohe Pflanzen in den Sektor geben. Ideal: drei Bambussprossen in einer Wasserschale, sie bringen Gesundheit und Glück für die Ganze Familie.

Grundmatrix Südosten

Jahreszeit: Frühsommer
Tageszeit: 9 Uhr morgens
Sonnenlauf: Winter-Sonnenaufgang
Tierzeichen: Drache, Schlange
Planet: Venus
Mythologische Gestalten: Venus
Symbole: Blumen, Bäume, Wohlstandschiff, wertvolle Objekte, die Früchte der Venus, Obstschale mit Orangen.
Farbe: Grün
Element: Holz
Zahl: 4
Familienmitglied: Älteste Tochter
Stabilisierendes Chi: Chi des Holzes, prächtige hohe Pflanzen, Farbe Grün.
Verbesserndes Chi: Chi des Wassers in Form eines Zimmerspringbrunnens oder der Farbe Blau.
beruhigendes Chi: Chi des Feuers, Rote Farbe, Helles Licht, Kerzen.
Eigenschaften: Erfolg, Reichtum, Wohlstand, Glück, Kommunikation, Harmonie, Wachstum, Inspiration, neue Ideen, Fortschritt im Leben, Reisen.
Gefahren: Tagträumen, nicht loslassen, überempfindlich, unrealistische Ideen, Mangel an Ruhe.
Türe: Gut für Kommunikation, harmonischen Fortschritt und Wohlstand.
Erweiterung in diesem Sektor: Gut für Wohlstand und Wohlbefinden, bringt geschäftlichen Erfolg und eine harmonische Ehe/Partner-

Die Grundmatrix

schaft. Eine große Erweiterung kann zu Überaktivität und Erschöpfung führen, was im Extremfall den beruflichen und geschäftlichen Erfolg beeinträchtigt.

FEHLBEREICH IN DIESEM SEKTOR: Gefährdet die langfristige Zukunft, Verluste, Unglücksfälle sind wahrscheinlich.

WASSER: Ein Wasserfeature fördert Reichtum, Kreativität und harmonische Entwicklung.

Ein Schiff im Südosten schafft Wohlstand

KLASSISCHE FENG SHUI MASSNAHME UM DEN SEKTOR ZU STÄRKEN: Chi des Wassers, Chi des Holzes. Bilder mit Schiffen, der Baum der Venus (Apfel, Birne) im Garten, Obstschale im Haus, Vase mit Wasser, Zimmerspringbrunnen.

Grundmatrix Süden

JAHRESZEIT: Sommer
TAGESZEIT: 12 Uhr mittags
SONNENLAUF: Höchststand der Sonne, Höchstes Yang
TIERZEICHEN: Pferd
PLANET: Mars

MYTHOLOGISCHE GESTALTEN: Mars, der Krieger
SYMBOLE: Kerzen, Lichter, Vögel, Pferde
FARBE: Rot
ELEMENT: Feuer
ZAHL: 9
FAMILIENMITGLIED: mittlere Tochter
STABILISIERENDES CHI: Chi des Feuers, rote Kerzen
VERBESSERNDES CHI: Chi des Holzes (hohe Pflanzen)
BERUHIGENDES CHI: Chi der Erde (Steine, Farbe Gelb, Holzkohle in einem niedrigen Tontopf).
EIGENSCHAFTEN: Ruhm, Anerkennung, Popularität, Ansehen, Erfolg, Leidenschaft, Großmut, soziales Leben, Spendabel, Großzügigkeit

Pferde im Süden für Ruhm und Anerkennung

GEFAHREN: Stress, Streitlust, emotionale Labilität
TÜRE: Gut um wahrgenommen zu werden, aber auch Gefahr von Konflikten. Ein gelber Anstrich wirkt beruhigend. Blau, Grün und Rot fördern die Anerkennung.
ERWEITERUNG IN DIESEM SEKTOR: Günstig für Ruhm und Erfolg. Eine zu große Erweiterung kann zu überzogenen Erwartungshaltungen führen. Streit, Aggressionen können die Folge sein.
FEHLBEREICH IN DIESEM SEKTOR: Ärger mit Behörden, Gerichtsverfahren, Verlust von Spontanität und Leidenschaft. Es wird schwierig, öffentliche Aufmerksamkeit zu erhalten.
WASSER: Wasser passt nicht zur Feuerenergie des Südens.
GEFAHREN: Rufschädigung, Gerichtsverfahren, schlechte Gesundheit. Lösung: Holz-Chi, hohe Pflanzen zwischen Wasser und Haus

pflanzen oder Seerosen in einen Teich geben oder Holzkohle in einem Tontopf ans Südfenster stellen.

KLASSISCHE FENG SHUI MASSNAHME UM DEN SEKTOR ZU STÄRKEN: Neun rote Kerzen für Ruhm und Anerkennung. Neun rot blühende Blumen oder allgemein neun Blumentöpfe. Rotes Pferd. Bild mit rotem Mohn.

Grundmatrix Südwesten

JAHRESZEIT: Spätsommer
TAGESZEIT: 15 Uhr nachmittags
SONNENLAUF: Wintersonnenwende, beginnendes Ying
TIERZEICHEN: Schaf, Affe
PLANET: Erde (Vastu: Mondknoten)
MYTHOLOGISCHE GESTALTEN: Rama und Sita, Göttin der Barmherzigkeit, Kali, Frau Holle, Castor und Pollux, Pluto.
SYMBOLE: Bilder mit Weizenfeldern, Kuhherden, Freundschafts- und Liebespaare.
FARBE: Gelb
ELEMENT: Erde
ZAHL: 2
FAMILIENMITGLIED: Mutter
STABILISIERENDES CHI: Farbe Gelb, prächtige Steine, Chi der Erde.
VERBESSERNDES CHI: Feuer, zum Beispiel in Form von Kerzen oder der Farbe Rot.
BERUHIGENDES CHI: Chi des Metalls. Porzellanschale mit Salz, Klangspiel aus Metall.
EIGENSCHAFTEN: Fördert Beziehungen und Partnerschaft. Zeit der Ernte, Familiäre Harmonie, Mutterschaft, praktisches Denken, logisches Denken, Stabilisierung, auf dem Boden der Tatsachen stehen, Realismus, Fürsorglichkeit, liebevolles Handeln.
GEFAHREN: Abhängigkeit, Missgunst, Geiz, langsamer Fortschritt, festgefahrene Situation.
TÜRE: Langsame, gemächliche Chi-Energie, die für Rationalität sorgt. Dauerhafte Partnerschaft. In Verbindung mit einem erweiterten Nordosten unruhige Energien, die zu Verlusten und gesundheitlichen Problemen führen können.
THERAPIE: Schale mit Meersalz an die Türe stellen. Chi des Metalls einbringen (z.B. grauer Anstrich).

ERWEITERUNG IN DIESEM SEKTOR: Steigert die Familienharmonie, Sie werden praktischer und methodischer. Bei einer zusätzlichen Erweiterung im Nordosten schafft dies allerdings einen instabilen Energiestrom. Bei einer massiven Erweiterung werden die Frauen zu dominant, dies kann den Ehemann massiv erschöpfen. Manche Experten erwarten dahinschwindende Gesundheit und mentale Probleme.

FEHLBEREICH IN DIESEM SEKTOR: Ein Fehlbereich schwächt das Chi der Mutter oder der ältesten Frau des Hauses. Gefahr von Eifersucht, Unsicherheit und gestörter Familienharmonie. Das Vastu erwartet vor allem Unzufriedenheit, mentale Probleme, schwere Erkrankungen.

WASSER: Gilt als ungünstig, gesundheitliche Probleme, vor allem in Zusammenhang mit den Nieren werden unter Umständen erwartet. Jedoch in der jetzigen Periode bis zum Jahr 2044 ist hier Wasser glücksbringend. Also kein Grund zu Panik. Danach sollte mit dem Chi des Metalls entstört werden. Also zum Beispiel eine Statue aus Metall oder eine große runde Kugel zwischen Haus und Wasserbecken installieren.

Zwei turtelnde Vögel

KLASSISCHE FENG SHUI MASSNAHME UM DEN SEKTOR ZU STÄRKEN: Zwei turtelnde Vögel aus Ton, Stein oder Porzellan, um das Liebesglück zu steigern. Zwei rote Kerzen, um das Liebesglück neu zu entfachen.

Grundmatrix Westen

JAHRESZEIT: Herbst
TAGESZEIT: 18 Uhr
SONNENLAUF: Sonnenuntergang
TIERZEICHEN: Hahn

Die Grundmatrix

Planet: Saturn
Mythologische Gestalten: Saturn, Poseidon
Symbole: Fax, spielende Kinder, alles Technische, alles Spielerische, Seelenbilder, Münzen, Metall.
Farbe: Weiß, Silber, Gold, Grau, Metallfarben.
Element: Metall
Zahl: 7
Familienmitglied: jüngste Tochter
Stabilisierendes Chi: Chi des Metalls, Metalltopf, Windspiele, schöne Uhr, Geldbaum.
Verbesserndes Chi: Chi der Erde, schöne Steine, Farben: Gelb, Ocker, Beige.
Beruhigendes Chi: Chi des Wassers, Efeu, Graslilie, Schale mit Wasser.
Eigenschaften: Kreativität, Genuss, Innovation, Kinder, romantische Gefühle, Zufriedenheit, Vergnügen und Unterhaltung, stilvoll, elegant, gutes Einkommen.

Zwei Elephanten im Westen für Kreativität und Freude am Leben.

Gefahren: Depression, Motivationsmangel, zu hohe Ausgaben, Vergnügungssucht, Pessimismus.
Türe: Eine Türe hier bringt Vergnügen, Romantik und Einkommen, kann aber auch zur Faulheit führen. In einem solchen Fall wäre eine blaue Bemalung der Türe hilfreich. Ansonsten ist Weiß oder Grau die günstigste Farbe.
Erweiterung in diesem Sektor: Begünstigt Partnerschaft und Einkommen. Eins starke Erweiterung kann dazu führen, dass man zu

viel Geld ausgibt und vergnügungssüchtig wird.
FEHLBEREICH IN DIESEM SEKTOR: Unzufriedenheit.
WASSER: Kann die Partnersuche erschweren und zu finanziellen Verlusten führen. Bringen Sie verstärkt das Chi der Erde ein. Zum Beispiel in Form eines kleinen Hügels zwischen Haus und Wasser. Oder in Form eines schönen Steines am westlichen Fensterbrett.
KLASSISCHE FENG SHUI MASSNAHME UM DEN SEKTOR ZU STÄRKEN: Sieben Münzen in Silberrahmen an der Wand. Bild mit sieben Steinen. Allgemein Metallenergie und/oder Chi der Erde. Sehr gut ist ein Geldbaum (Crassula).

Grundmatrix Nordwesten

JAHRESZEIT: Spätherbst
TAGESZEIT: 21 Uhr
SONNENLAUF: Sommer-Sonnenuntergang
TIERZEICHEN: Hund, Schwein
PLANET: Mond
MYTHOLOGISCHE GESTALTEN: Artemis
SYMBOLE: Männliche Vorbilder, Adressbuch, Weltkarte, Bilder vom Himmel, Bilder mit Freundeskreis, Aktuelle Buchführung, Münzen, Uhr, Windspiel.
FARBE: Weiß, Silber, Gold, Grau, Metallfarben.
ELEMENT: Metall
ZAHL: 6
FAMILIENMITGLIED: Familienvater, Männer ab 45 Jahren.
STABILISIERENDES CHI: Chi des Metalls, Metalltopf, Windspiele, schöne Uhr, Geldbaum.
VERBESSERNDES CHI: Chi der Erde, schöne Steine, Farben Gelb, Ocker, Beige.
BERUHIGENDES CHI: Chi des Wassers, Efeu, Graslilie, Schale mit Wasser.
EIGENSCHAFTEN: Mentoren, Förderer, Hilfreiche Freunde, Kommunikation, Anerkennung, Respekt, Führerschaft, Organisation, Struktur, Weisheit.
GEFAHREN: Selbstgerecht, Autoritär, überkontrollierend gegenüber anderen, Arroganz. In einem solchen Fall Chi des Wassers einsetzen.
TÜRE: Gut für Führungseingenschaften, Organisation, man hat das Leben unter Kontrolle.

Die Grundmatrix

ERWEITERUNG IN DIESEM SEKTOR: Fördert Organisation und Vorausplanung. Gut für den Aufbau einer Karriere oder eines Geschäfts. Spitzenpositionen sind möglich. Eine große Erweiterung kann zu Arroganz, Selbstgerechtigkeit und autoritärem Verhalten führen.
FEHLBEREICH IN DIESEM SEKTOR: Ungünstig für Männer. Man wird leicht geschwächt und dadurch krank. Es fehlen die unterstützenden Energien.
WASSER: Kann zu Disziplinlosigkeit führen und zu dem Gefühl, für das eigene Leben nicht verantwortlich zu sein. Stärken Sie die Metallenergie des Nordwestens. Platzieren Sie etwas Silbernes oder Weißes zwischen Wasser und Haus.

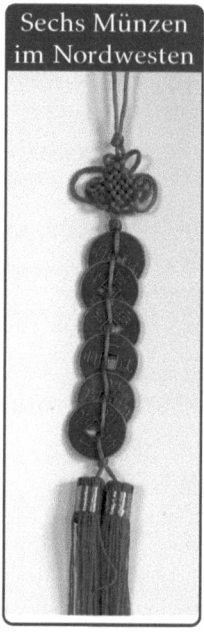

Sechs Münzen im Nordwesten

KLASSISCHE FENG SHUI MASSNAHME UM DEN SEKTOR ZU STÄRKEN: Eine schöne Uhr mit Pendel sorgt für Autorität. Gut ist auch ein Windspiel mit sechs hohlen Röhren oder sechs Feng Shui Münzen. Sechs Kristallkugeln aus Citrin.

Grundmatrix Norden

Jahreszeit: Winter
Tageszeit: Mitternacht
Sonnenlauf: Reich des Schattens, der Norden sieht in unseren Breiten niemals die Sonne, höchstes Yin.
Tierzeichen: Ratte
Planet: Merkur
Mythologische Gestalten: Pan, Hermes, Eros.
Symbole: Aquarium, Fluss, Wasserfall, Bilder von Fischen, Titel, Auszeichnungen, Straßenbilder.
Farbe: intensives Blau und Schwarz.
Element: Wasser
Zahl: 1
Familienmitglied: der mittlere Sohn
Stabilisierendes Chi: Chi des Wassers, Efeu oder Grünlilie.
Verbesserndes Chi: Chi des Metalls, Metalltöpfe, weiß blühende Pflanzen.
beruhigendes Chi: Chi des Holzes, hohe Pflanzen

Ein Frosch oder eine Kröte im Norden sorgen für Karriereglück.

Eigenschaften: Karriere, beruflicher Erfolg, Zukunft, Ruhe, Frieden, Unabhängigkeit, Sexualität, Vitalität.
Gefahren: Isolation, Einsamkeit, Angst, introvertierter Charakter, Sorgen, kein Verlangen auszugehen.

Türe: Zu ruhige, isolierend wirkende Energien. Geben Sie der Türe einen weißen, besser noch roten Anstrich.
Erweiterung in diesem Sektor: Beruhigt, macht friedlich und spirituell. Bringt Selbstgenügsamkeit und Unabhängigkeit. Eine zu massive Erweiterung kann zu Isolation, Einkommensverlusten und Sexskandalen führen.
Fehlbereich in diesem Sektor: Vitalität, Fruchtbarkeit und Gesundheit können leiden.
Wasser: Neutral, zu viel Wasser kann zu Karriere mit Stress führen. Also lieber nur sanft aktivieren!
Klassische Feng Shui Massnahme um den Sektor zu stärken: Metallenergie stärkt das Chi des Wassers und befördert die Karriere. Zum Beispiel in Form eines Klangspiels oder eines Geldbaumes. Ein Aquarium sorgt dafür, dass die Karriere gefördert wird und keinen Abbruch erleidet. Eine weiße, violette oder blaue Orchidee in diesem Sektor sorgt für Sinnlichkeit, Potenz aber auch partnerschaftliche Treue.

Die Kua-Formel

Die Kua-Formel ist eine der wirksamsten und mächtigsten Methoden im Feng Shui. Sie wurde erstmals 1993 von Lillian Too publiziert. Titel: Applied Pa Kua Lo Shu Feng Shui. Lillian Too hatte den Großmeister Yap Cheng Hai gebeten, diese bis dahin geheime, den Feng Shui Meistern vorbehaltene Formel, veröffentlichen zu dürfen. Jeder kann sich seither selbst ein Urteil über die Brauchbarkeit und Nützlichkeit selbiger bilden. Interessant ist auch die Geschichte dazu: Meister Yap hatte in jungen Jahren Probleme mit seinen Kindern, diese waren ständig krank, nichts half. Erst der Tipp eines Freundes, einen der letzten überlebenden Feng Shui Experten des chinesischen Kaiserhofes zu konsultieren, brachte für ihn und seine Familie die Lösung. Durch den Einsatz der Kua-Formel ergänzend zu den ärztlichen Behandlungen wurden die Kinder nun endlich gesund. Er selbst lies sich dann in der uralten Wissenschaft des Feng Shui schulen und ist heute einer der bekanntesten Feng Shui Großmeister weltweit. Der Einsatz der Formel ist somit weitreichend und dabei kinderleicht. Man muss sie nur kennen und wissen, was zu tun ist.

Jeder Mensch besitzt aufgrund seines Geburtsjahres eine persönliche Glückszahl (= Kua-Zahl) Mann und Frau haben dabei unterschiedliche Zahlen. Jedem Jahrgang wir eine eigene Zahl zugeordnet. Da in China der Kalender eine Einheit aus Sonnen- und Mondzyklus bildet, beginnt das neue Jahr immer zum zweiten Neumond nach der Wintersonnenwende. Das Datum wechselt zwischen dem 20. Januar und dem 20. Februar. Dieser Zeitraum ist also kritisch! Vor dem 20. Januar Geborene gehören auf jeden Fall noch dem alten Jahr an und haben die alte Kua-Zahl. Muss man wissen. Zur genauen Bestimmung der Kua-Zahl siehe Tabelle 16.2 auf Seite 136.

Jeder hat aufgrund seiner Kua-Zahl vier positive und vier negative Richtungen.

Wichtig ist es, beim Schlafen mit dem Kopf in einer der positiven Richtungen zu liegen. Wer unter Schlafstörungen leidet sollte unbedingt die Richtung für persönliches Wachstum wählen.

Unter Tags sollte man beim Arbeiten in eine für einen persönlich günstige Richtung blicken. Das ist überaus wichtig. Ich mag hier nicht über Anekdoten aus meinem Erfahrungsschatz als Berater berichten. Probieren Sie es einfach aus. Das ist mein Rat. Unterschätzen Sie diese Formel nicht.

Die Kua-Formel

Die Küche und das Bad mit Toilette sollten in einer für einen selbst negativen Richtung liegen. Das unterdrückt das Unglück, das aus dieser Richtung auf Sie einströmen kann. Bei Personen mit der Kua-Zahl 1 liegt zum Beispiel die schlechteste Richtung im Südwesten, weshalb hier eine Küche oder eine Toilette überaus günstig platziert wäre.

Was ist zu tun, wenn eine Toilette oder eine Küche in Ihrer persönlich günstigen Richtung liegt? In diesem Fall entstören Sie einfach diesen Bereich. Beim Bad und bei der Toilette ist es gut, mit dem Chi des Holzes oder dem des Metalls zu arbeiten. Ideal ist ein Kaktus, ein Efeu oder ein Geldbaum. Ersatzweise geht auch ein kleines Klangspiel aus hohlen Metallröhren mit im Idealfall fünf Röhren. Diese Entstörungsmaßnahmen sind wirklich sehr probate Mittel, um gute Energien zu bekommen!

Wir haben vier positive Richtungen. Wenn Sie Ihren Wohlstand mehren wollen, sollten Sie Ihre persönliche Wohlstands- und zusätzlich die allgemeine Reichtumsrichtung stärken. Dies ist der Südosten, der Bereich der Venus. Bei der Kua-Zahl 2 ist die persönliche Wohlstandsrichtung der Nordosten. Stärken Sie deshalb den Südosten mit dem Chi des Wassers oder des Holzes - vier Pflanzen sind recht günstig - und stärken Sie den Nordosten mit dem Chi der Erde oder des Feuers, wenn Ihre persönliche Glückszahl die 2 ist. (Siehe dazu das Kapitel über die Grundmatrix). Gut wäre es natürlich auch, in einem Nordostzimmer zu schlafen und mit dem Kopf nach Nordosten zu liegen. Aber in der Regel reicht es aus, einen dieser Aspekte umzusetzen.

Wir haben nach der Grundformel acht Lebenswünsche/Lebensziele. Wichtig ist es vor allem in dieser Grundformel, die für einen persönlich günstigen Himmelsrichtungen zu aktivieren. Es muss wie gesagt nicht alles aktiviert werden. Denken Sie darüber nach, worauf es Ihnen im Augenblick besonders ankommt!

Wer Gesundheit will stärkt den Osten, zum Beispiel mit drei Pflanzen, und seine persönliche Gesundheitsrichtung. Bei der Kua-Zahl 3 ist die persönliche Gesundheitsrichtung der Norden. Geben Sie hierhin das Chi des Wassers oder des Metalls, denn der Norden steht unter der Herrschaft des Wassers, das Chi des Metalls fördert das Chi des Wassers und bringt Ihnen dort besonders viel Gesundheit. Sie können aber auch Ihre Medikamente oder Bücher zu Gesundheitsthemen in den Norden geben. Auch das stärkt Ihre Gesundheit.

Wer mit seinen Arbeitskollegen besser zurecht kommen will, sollte die allgemeine Beziehungsrichtung stärken, das ist der Nordwesten (zum Beispiel durch eine Uhr in diesen Sektor) ebenso seine persönliche Beziehungsrichtung. Bei Personen mit der Kua-Zahl 4 ist dies der Osten. Geben Sie drei Pflanzen in den Osten oder noch besser drei Bamusschößlinge mit Wasser. Ergänzen Sie dieses Arrangement mit Bildern von sich und Ihren Freunden.

Bei Kindern sollte vor allem die Richtung für persönliches Wachstum gestärkt werden. Aber auch wer sich in schulischer Ausbildung, Fortbildung oder Studium befindet sollte diese Richtung entsprechend gestalten. Allgemein ist es der Nordosten, der für Bildungsglück steht. Geben Sie eine Kristallkugel, das Bild eines geistigen Vorbilds oder einfach eine Kerze bildhaft und wortwörtlich zur Erleuchtung in diesen Sektor. Wer die Kua-Zahl 9 sein Eigen nennt, bei dem ist der Süden die persönliche Richtung für Wachstum. Geben Sie hierhin rote Gegenstände, aber auch Auszeichnungen, Ehrungen und eingerahmte Zeugnisse stärken diesen Abschnitt für Sie persönlich. Gut sind auch Bilder von Pferden oder prächtigen Vögeln (Papageie, Pfaue) im Süden. Sie sorgen dort für besonderes Bildungsglück bei Trägern der Kua-Zahl 9.

Neben dem Eingang sollte vor allem das Schlafzimmer in einem für Sie günstigen Bereich liegen. Sollte das nicht der Fall sein, dann ist es besonders wichtig, die entsprechende Flying Star Formel zu beachten und umzusetzen. Es kann auch eine sanfte Harmonisierung des Raumes mit Hilfe der Elemente angedacht werden. Dabei sollte dann das diesen Sektor beruhigende Chi zum Einsatz gelangen (siehe Grundmatrix: Kapitel 15 auf Seite 115). Bei der Kua Zahl 8 ist der Südosten die schlechteste Richtung. Er sorgt für Finanzprobleme. Wenn es nicht geht, den Raum anderweitig zu nutzen und das Zimmer oder den Eingang zu verlegen, was wohl in der Regel der Fall sein dürfte, dann harmonisieren Sie diesen Sektor. Im Südosten herrscht das Chi des Holzes. Das Holz wird vom Chi des Feuers beruhigt. Geben Sie also Kerzen in das Zimmer. Bei einem Eingang ist es ideal, zwei Lichter links und rechts vom Eingang zu platzieren. Sie können aber auch vermehrt Accessoires in der Farbe Rot einbringen! Da von der Grundmatrix her betrachtet der Südosten die allgemeine Wohlstandsrichtung unter der Herrschaft der Venus ist, können Sie in diesem Sektor dann zum Beispiel eine Wasserschale mit schwimmenden Kerzen aufstellen.

Die Richtungen, ihre chinesischen Namen sowie Bedeutung und Nutzung, gelistet in qualitativ absteigender Reihenfolge:

1. Die allerbeste Richtung, sie steht für Wohlstand und heißt chinesisch SHENG QI, was soviel bedeutet wie Atem erzeugen. Sie bringt hochrangige Positionen und großes finanzielles Glück. Das Schlaf- oder Arbeitszimmer liegt hier am besten. Natürlich ist diese Richtung auch für einen Eingang sehr förderlich.

2. Die zweitbeste Richtung heißt TIEN YI, was soviel wie Doktor vom Himmel bedeutet. Auch sie bringt Reichtum, wenn auch nicht ganz so üppig wie die Sheng Qi Richtung. Und sie ist besonders wichtig, wenn Sie gesundheitliche Probleme haben.

3. Die drittbeste Richtung NIEN YEN bedeutet Langlebigkeit und Beziehungsglück. Wer ein harmonisches Familienleben vermisst, wer Ärger mit Vorgesetzten oder Untergebenen hat, wer Führungsschwäche zeigt, sollte diesen Sektor aktivieren.

4. Die viertbeste Richtung FU WEI gibt in wirtschaftlicher Hinsicht durchaus ein Auskommen das reicht, um sich selbst und seine Familie zu ernähren. Mehr aber auch nicht. Alle drei anderen positiven Richtungen sorgen als Eingang oder Schlafzimmer genutzt für recht gutes Einkommen. Wichtig ist die FU WEI Richtung für die Meditation und für die Kinder.

5. HO HAI heißt die viertschlechteste Richtung, man übersetzt sie am besten mit Missgeschicke. Sie bringt mildes Unglück, Rückschläge aber auch Enttäuschungen.

6. WU KWEI (fünf Geister) ist die drittschlechteste Richtung, sie bringt Streit und Konflikte.

7. Lui Sha (sechs Flüche) ist die zweitschlechteste Richtung. Sie raubt Ihnen Ihre Vitalität und fügt Ihnen im Familien- und Geschäftsleben Schaden zu.

8. Chueh Ming steht für totaler Ruin. Ich habe diesen Bereich mit dem Begriff Finanzprobleme betitelt. Es ist die allerschlechteste Richtung. Wenn es geht diesen Sektor meiden oder mit beruhigendem Chi heilen.

Wenn Sie zum Beispiel Ihr Schlafzimmer aus einem negativen Sektor gar nicht verlegen können, dann überprüfen Sie bitte, ob sich das Bett nicht wenigstens in einen positiven Bereich des Zimmers stellen lässt. Beispiel: Sie haben die Kua Zahl Sieben. Ihr Bett steht in einem östlich gelegenen Zimmer. Der Osten ist Ihre persönliche Richtung für stärkste Verluste (Chueh Ming). Vielleicht können Sie das Bett in den Südwesten, Westen oder Nordwesten des Raumes stellen. Dies alles sind für Sie gute Richtungen! Der Raum sollte mild entschärft werden. Ideal dafür wäre die Farbe Rosa (aber nur wenn Sie diese Farbe mögen). Rot (ebenfalls Feuerenergie und damit Träger harmonisierenden Chis für den Osten) ist zu yanglastig und könnte Ihnen den Schlaf rauben. Rosa beruhigt und gehört doch dem Chi des Feuers an. Alternativ geht auch ein Bild mit rotem Mohn. Mohnsahmen ist ein Narkotikum, fördert als Bild symbolisch den Schlaf und allgemein sind rote Tupfer nicht so yanglastig wie ein rot gestrichener Raum. Rote Tupfer behindern den Schlaf nicht, bringen aber dennoch genügend beruhigendes Chi in den Osten.

Achten Sie auch immer auf ein Gleichgewicht von Yin und Yang in ihrer Wohnung. Zuviel Yin macht träge, zu viel Yang macht überaktiv. Kontrollieren Sie bitte Ihre Wohnung auch auf diesen Aspekt. Für Beispiele zu Yin und Yang siehe Tabelle 16.1.

Ansonsten folgt hier nun eine Tabelle, aus der Sie anhand Ihres Geburtsjahres die Kua-Zahl getrennt nach Männern und Frauen ablesen können. Die zweite Tabelle zeigt Ihnen dann Ihre Kua Zahl.

Sollten Sie und Ihr Ehepartner verschiedenen Typen angehören, dann wählen Sie einfach einen Kompromiss. Der Raum befindet sich ja oftmals in einem für wenigstens einen Partner günstigen Sektor. Das Bett sollte so gestellt werden, dass die Kopfrichtung beider Partner beim Schlafen für den anderen Partner günstig liegt.

Yin	Yang
Stoffe	Glas
Teppiche	Marmor
Vorhänge	Metalljalousien
Kissen	Steinplastiken
Tapeten	Spiegel
Blau	Rot
Grün	Orange
Holzmöbel	Metallmöbel
Dunkelheit	Licht
Wasser	Feuer

(Tab. 16.1) Yin und Yang in der Wohnung

Praktisches Beispiel: Der eine Ehepartner ist ein Westtyp (Kua-Zahlen 2, 5, 6, 7) Das Schlafzimmer befindet sich im Westen, Südwesten, Nordwesten oder Nordosten. Der andere Ehepartner ist ein Osttyp (Kua-Zahlen 1, 3, 4, 9). Dann legen Sie bitte Ihre Köpfe beim Schlafen Richtung Osten, Südosten, Norden oder Süden. Das ist ein guter Kompromiss und gibt gutes Feng Shui!

Die Kua-Formel

(Tab. 16.2) Tabelle zur Ermittlung der Kua-Zahl (1930 bis 2050)

Tierkreiszeichen	Jahr	Beginn	Kua Männer	Kua Frauen
Pferd	1930	30.01.30	7	8
Schaf	1931	17.02.31	6	9
Affe	1932	06.02.32	5	1
Hahn	1933	26.01.33	4	2
Hund	1934	14.01.34	3	3
Schwein	1935	04.02.35	2	4
Ratte	1936	24.01.36	1	5
Ochse	1937	11.02.37	9	6
Tiger	1938	31.01.38	8	7
Hase	1939	19.02.39	7	8
Drache	1940	08.02.40	6	9
Schlange	1941	27.01.41	5	1
Pferd	1942	15.02.42	4	2
Schaf	1943	05.02.43	3	3
Affe	1944	25.01.44	2	4
Hahn	1945	13.01.45	1	5
Hund	1946	02.02.46	9	6
Schwein	1947	22.01.47	8	7
Ratte	1948	10.02.48	7	8
Ochse	1949	29.01.49	6	9
Tiger	1950	17.02.50	5	1
Hase	1951	06.02.51	4	2
Drache	1952	27.01.52	3	3
Schlange	1953	14.01.53	2	4
Pferd	1954	03.02.54	1	5
Schaf	1955	24.01.55	9	6
Affe	1956	12.01.56	8	7
Hahn	1957	31.01.57	7	8
Hund	1958	18.02.58	6	9
Schwein	1959	08.02.59	5	1
Ratte	1960	28.01.60	4	2
Ochse	1961	15.02.61	3	3
Tiger	1962	05.02.62	2	4

Die Kua-Formel

Fortsetzung von (Tab. 16.2)

Tierkreiszeichen	Jahr	Beginn	Kua Männer	Kua Frauen
Hase	1963	25.01.63	1	5
Drache	1964	13.02.64	9	6
Schlange	1965	02.02.65	8	7
Pferd	1966	21.01.66	7	8
Schaf	1967	09.02.67	6	9
Affe	1968	30.01.68	5	1
Hahn	1969	17.02.69	4	2
Hund	1970	06.02.70	3	3
Schwein	1971	27.01.71	2	4
Ratte	1972	16.01.72	1	5
Ochse	1973	03.02.73	9	6
Tiger	1974	23.01.74	8	7
Hase	1975	11.02.75	7	8
Drache	1976	31.01.76	6	9
Schlange	1977	18.02.77	5	1
Pferd	1978	07.02.78	4	2
Schaf	1979	28.01.79	3	3
Affe	1980	16.02.80	2	4
Hahn	1981	05.02.81	1	5
Hund	1982	25.01.82	9	6
Schwein	1983	13.02.83	8	7
Ratte	1984	02.02.84	7	8
Ochse	1985	20.02.85	6	9
Tiger	1986	09.02.86	5	1
Hase	1987	29.01.87	4	2
Drache	1988	17.02.88	3	3
Schlange	1989	06.02.89	2	4
Pferd	1990	27.01.90	1	5
Schaf	1991	15.02.91	9	6
Affe	1992	04.02.92	8	7
Hahn	1993	23.01.93	7	8
Hund	1994	10.02.94	6	9
Schwein	1995	31.01.95	5	1
Ratte	1996	19.02.96	4	2
Ochse	1997	08.02.97	3	3
Tiger	1998	28.02.98	2	4

Fortsetung von (Tab. 16.2)

Tierkreiszeichen	Jahr	Beginn	Kua Männer	Kua Frauen
Hase	1999	16.02.99	1	5
Drache	2000	05.02.00	9	6
Schlange	2001	24.01.01	8	7
Pferd	2002	12.02.02	7	8
Schaf	2003	01.02.03	6	9
Affe	2004	22.01.04	5	1
Hahn	2005	09.02.05	4	2
Hund	2006	29.02.06	3	3
Schwein	2007	18.02.07	2	4
Ratte	2008	07.02.08	1	5
Ochse	2009	26.01.09	9	6
Tiger	2010	14.02.10	8	7
Hahn	2011	03.02.11	7	8
Drache	2012	23.01.12	6	9
Schlange	2013	10.01.13	5	1
Pferd	2014	31.01.14	4	2
Schaf	2015	19.02.15	3	3
Affe	2016	08.02.16	2	4
Hahn	2017	28.01.17	1	5
Hund	2018	16.02.18	9	6
Schwein	2019	05.02.19	8	7
Ratte	2020	25.01.20	7	8
Ochse	2021	12.02.21	6	9
Tiger	2022	01.02.22	5	1
Hase	2023	22.01.23	4	2
Drachen	2024	10.02.24	3	3
Schlange	2025	29.01.25	2	4
Pferd	2026	17.02.26	1	5
Schaf	2027	06.02.27	9	6
Affe	2028	26.01.28	8	7
Hahn	2029	13.02.29	7	8
Hund	2030	03.02.30	6	9
Schwein	2031	23.01.31	5	1
Ratte	2032	11.02.32	4	2
Ochse	2033	31.01.33	3	3
Tiger	2034	19.02.34	2	4

Fortsetung von (Tab. 16.2)

Tierkreiszeichen	Jahr	Beginn	Kua Männer	Kua Frauen
Hase	2035	08.02.35	1	5
Drachen	2036	28.01.36	9	6
Schlange	2037	15.02.37	8	7
Pferd	2038	04.02.38	7	8
Schaf	2039	24.01.39	6	9
Affe	2040	12.02.40	5	1
Hahn	2041	01.02.41	4	2
Hund	2042	22.01.42	3	3
Schwein	2043	10.02.43	2	4
Ratte	2044	30.01.04	1	5
Ochse	2045	17.02.45	9	6
Tiger	2046	06.02.46	8	7
Hase	2047	26.01.47	7	8
Drachen	2048	14.02.48	6	9
Schlange	2049	02.02.49	5	1
Pferd	2050	23.01.50	4	2

16.1. Bedeutung der Himmelsrichtungen für alle Glückszahlen

Eine Auflistung aller Kua-Zahlen mit den entsprechenden Bedeutungen aller Himmelsrichtungen.

Südosten **Sheng Qi** Wohlstand	Süden **Nien Yi** Gute Beziehungen	Südwesten **Chueh Ming** Finanzprobleme
Osten **Tien Yi** Gesundheit	**Glückszahl 1**	Westen **Ho Hai** Missgeschick
Nordosten **Wu Kwei** Streit	Norden **Fu Wi** Wachstum	Nordwesten **Lui Sha** Vitalitätsverlust

Südosten **Wu Kwei** Streit	Süden **Lui Sha** Vitalitätsverlust	Südwesten **Fu Wi** Wachstum
Osten **Ho Hai** Missgeschick	**Glückszahl 2**	Westen **Tien Yi** Gesundheit
Nordosten **Sheng Qi** Wohlstand	Norden **Chueh Ming** Finanzprobleme	Nordwesten **Nien Yi** Gute Beziehungen

Südosten **Nien Yi** Gute Beziehungen	Süden **Sheng Qi** Wohlstand	Südwesten **Ho Hai** Missgeschick
Osten **Fu Wi** Wachstum	**Glückszahl 3**	Westen **Chueh Ming** Finanzprobleme
Nordosten **Lui Sha** Vitalitätsverlust	Norden **Tien Yi** Gesundheit	Nordwesten **Wu Kwei** Streit

Südosten **Fu Wi** Wachstum	Süden **Tien Yi** Gesundheit	Südwesten **Wu Kwei** Streit
Osten **Nien Yi** Gute Beziehungen	**Glückszahl 4**	Westen **Lui Sha** Vitalitätsverlust
Nordosten **Chueh Ming** Finanzprobleme	Norden **Sheng Qi** Wohlstand	Nordwesten **Ho Hai** Missgeschick

Südosten	Süden	Südwesten
Chueh Ming	**Ho Hai**	**Sheng Qi**
Finanzprobleme	Missgeschick	Wohlstand
Osten		Westen
Lui Sha	**Glückszahl 5**	**Nien Yi**
Vitalitätsverlust	Für Frauen	Gute Beziehungen
Nordosten	Norden	Nordwesten
Fu Wi	**Wu Kwei**	**Tien Yi**
Wachstum	Streit	Gesundheit

Südosten	Süden	Südwesten
Wu Kwei	**Lui Sha**	**Fu Wi**
Streit	Vitalitätsverlust	Wachstum
Osten		Westen
Ho Hai	**Glückszahl 5**	**Tien Yi**
Missgeschick	Für Männer	Gesundheit
Nordosten	Norden	Nordwesten
Sheng Qi	**Chueh Ming**	**Nien Yi**
Wohlstand	Finanzprobleme	Gute Beziehungen

Südosten	Süden	Südwesten
Ho Hai	**Chueh Ming**	**Nien Yi**
Missgeschick	Finanzprobleme	Gute Beziehungen
Osten		Westen
Wu Kwei	**Glückszahl 6**	**Sheng Qi**
Streit		Wohlstand
Nordosten	Norden	Nordwesten
Tien Yi	**Lui Sha**	**Fu Wi**
Gesundheit	Vitalitätsverlust	Wachstum

Südosten	Süden	Südwesten
Lui Sha	**Wu Kwei**	**Tien Yi**
Vitalitätsverlust	Streit	Gesundheit
Osten		Westen
Chueh Ming	**Glückszahl 7**	**Fu Wi**
Finanzprobleme		Wachstum
Nordosten	Norden	Nordwesten
Nien Yi	**Ho Hai**	**Sheng Qi**
Gute Beziehungen	Missgeschick	Wohlstand

Südosten	Süden	Südwesten
Chueh Ming	**Ho Hai**	**Sheng Qi**
Finanzprobleme	Missgeschick	Wohlstand
Osten		Westen
Lui Sha	**Glückszahl 8**	**Nien Yi**
Vitalitätsverlust		Gute Beziehungen
Nordosten	Norden	Nordwesten
Fu Wi	**Wu Kwei**	**Tien Yi**
Wachstum	Streit	Gesundheit

Die Kua-Formel

Südosten **Tien Yi** Gesundheit	Süden **Fu Wi** Wachstum	Südwesten **Lui Sha** Vitalitätsverlust
Osten **Sheng Qi** Wohlstand	Glückszahl 9	Westen **Wu Kwei** Streit
Nordosten **Ho Hai** Missgeschick	Norden **Nien Yi** Gute Beziehungen	Nordwesten **Chueh Ming** Finanzprobleme

17 Flying Star Feng Shui
Das Feng Shui der fliegenden Sterne

Es gibt einen zeitlichen Zyklus im Fluss der Lebensenergie. Er hängt mit dem Sonnen- und Mondkreislauf zusammen. Alle zwanzig Jahre laufen beide Kreisläufe wieder synchron. Grundlage der Analyse des veränderten Flusses der Lebensenergie ist dabei das Sternbild des Großen Bären (Ursus Major, englisch Northern Ladle). Der Bär ist das heilige Tier der Artemis und ihr Erkennungszeichen. In seiner Gestalt dreht sie am Himmel das Schicksalsrad.

Das Feng Shui unterscheidet dabei neun Energiepunkte und neun Perioden mit jeweils 16 Häusertypen, die ein unterschiedliches Schicksal konfigurieren.

- Der Weiße Stern Eins ist ein Wasserstern, er steht von der Grundtendenz her für Ruhm und Wohlstand.
- Die Schwarze Zwei, ein Erdstern, ist negativ zu werten, sie steht für Krankheit und Schmerzen.
- Die Grüne Drei, ein Holzstern, sorgt für Streit.
- Die Grüne Vier, ein Holzstern, steht für Kreativität.
- Die Gelbe Fünf, ein Erdstern, bringt massive Krankheiten, Hindernisse und Verluste.
- Die Weiße Sechs, ein Metallstern, sorgt für Wohlstand, Macht und Autorität.
- Die Rote Sieben, ein Metallstern, bringt Raub, Einbrüche und Unfälle.
- Die Weiße Acht, ein positiver Erdstern, sorgt für Ruhm und Wohlstand.
- Die Purpurne Neun als Feuerstern verstärkt die anderen Sterne in ihrer Tendenz entweder positiv oder negativ.

Die Eins kann mit Wasser oder der Farbe Blau gestärkt werden. Die Zwei kann mit Hilfe der Metallenergie entstört werden (Münzen, Windspiel). Die Drei wird mit Hilfe von Feuer, der Farbe Rot oder viel Licht entstört. Als ideal gilt ein lachender, rot gekleideter Buddha. Die Vier ist ebenfalls ein Holzstern, der in der jetzigen Periode (Periode Acht) als problematisch gilt. So muss auf den genauen individuellen Chart, also auf die Kombination mit der zweiten Zahl geachtet werden. Die Fünf ist ein negativer Erdstern, der mit viel Metall entstört wird (Windspielen, Münzen, den Farben Weiß, Gold, Silber). Die Sechs wird als Metallstern entweder mit dem Chi der Erde (Edelstein) oder dem Chi des Metalls (Windspiel, Uhren, Münzen etc.) oder den Farben Gelb, Gold, Weiß, Silber gestärkt. Die Sieben ist ein negativer Metallstern und wird am besten mit dem Chi des Wassers z.B. der Farbe Blau geschwächt. Ein heiliges Tier, das gerne als Bild oder Statue gegen die Sieben eingesetzt wird, ist das Nashorn. Die Acht als positiver Stern wird am besten mit dem Chi der Erde aktiviert, also Kristallen, Edelsteinen, Gegenständen in der Farbe Gelb.

In der Periode Fünf beispielsweise wirkt der von der Grundtendenz her negative Bergstern 5 positiv. Das gilt für alle von der Grundtendenz her negativen Sterne. Sie alle wirken in ihrer Periode positiv! Anbei eine Liste der Sterne mit ihrer Grundtendenz und ihrer Bedeutung. Je nachdem in welcher Periode die Sterne stehen können sie günstig oder ungünstig wirken.

Tabelle 17.1 zeigt die einzelnen Zyklen. Wir befinden uns zur Zeit in der Periode Acht. Das bedeutet, dass der ohnehin in seiner Natur positive Stern besonders glückbringend wirkt. Und dies auf jeden Fall noch bis 2024.

Ich habe in der Tabelle alle Zeitperioden aufgenommen, die in den Beispielen dieses Buches benötigt werden.

Wir befinden uns zur Zeit in der Periode 8. Gute Sterne sind 8, 9, 1, brauchbar ist die 3 und die 6. Die 6 bringt dabei Wohlstand, die 3 zwar immer noch Streit aber auch durchaus Fortschritt, Führerschaft, Wohlstand und Wachstum. Ein Schlafzimmer mit dem Bergsternen 8, 9 oder 1 wäre besonders günstig. Der Eingang sollte einen günstigen Wasserstern haben.

Wir haben 16 Haustypen! Wichtig ist, wohin das Haus blickt. Dies zu beantworten ist nicht immer ganz leicht. Im Zweifelsfalle sollten

Periode	Zeitraum
7	1624 – 1643
8	1644 – 1663
9	1664 – 1683
1	1684 – 1703
2	1704 – 1723
3	1724 – 1743
4	1744 – 1763
5	1764 – 1783
6	1784 – 1803
7	1804 – 1823
8	1824 – 1843
9	1844 – 1863
1	1864 – 1883
2	1884 – 1903
3	1904 – 1923
4	1924 – 1943
5	1944 – 1963
6	1964 – 1983
7	1984 – 2003
8	2004 – 2023
9	2024 – 2043
1	2044 – 2063
2	2064 – 2083

(Tab. 17.1) Zyklen

Stern	Element	Natur	Zur richtigen Zeit	Zur falschen Zeit
Eins	Wasser	Erfolg	Wohlstand, Anerkennung, Glück, Weisheit, Ruhm	Gewalt, Massive Probleme, Isolation, Mentale Probleme
Zwei	Erde	Krankheit	Fruchtbarkeit, Führerschaft, hohe Produktivität	Krankheit, Misserfolg, Fehlschläge, Einsamkeit
Drei	Holz	Konflikte	Wohlstand, Reichtum, Wachstum, Führerschaft	Unglück, Ärger mit Behörden, Rufmord
Vier	Holz	Liebe, Kreativität, schriftstellerischer Erfolg	Akademischer Erfolg, Kreativität, Ruhm	Scheidung, Affären, Familienstreitigkeiten
Fünf	Erde	Schwere Krankheit	Ruhm, Wohlstand, plötzlicher Reichtum	Krankheit, Leid, sehr negative Energien
Sechs	Metall	Himmel, Führerschaft	Wohlstand, Reichtum, Fruchtbarkeit, wissenschaftlicher und technischer Erfolg	Traurigkeit, Isolation, Blockaden
Sieben	Metall	Raub	Wohlstand, Fruchtbarkeit, Wortgewandtheit, Sechster Sinn	Raub, Ärger mit Behörden
Acht	Erde	Ruhm und Wohlstand	Ruhm, Wohlstand, Geistigkeit, Familienfriede, Erfolg für junge Menschen	Stumpfsinn, Kinder haben Probleme, Einsamkeit, das Glück schwindet
Neun	Feuer	Vollendung, Belohnung	Erreichen von Zielen, Erfolg, Wachstum	Schwierigkeiten, mentale Probleme, Fehlschläge

(Tab. 17.2)   Die Bedeutung der einzelnen Sterne

mehrere Charts verglichen werden. Wenn wir uns fragen, wohin das Haus blickt, sollten folgende Faktoren beachtet werden:

1. Wo liegt die Eingangstüre?
2. Wo sind große Türen?
3. Wo sind große und/oder die meisten Fenster?
4. Welche Seite hat den schönsten Ausblick?
5. Blick auf ein Gewässer?
6. Wo führt die Hauptstraße am Haus vorbei?
7. Welche Türe wird am meisten genutzt?
8. Wo befindet sich das Gartentor?
9. Wo verläuft der Weg zum Haus?
10. Wo findet das meiste soziale Zusammenleben statt?
11. Haben Sie einen Abhang, wenn ja wo?
12. Wo ist die sonnigste Seite?

All diese Faktoren sollten beachtet werden, wenn man die Blickrichtung eines Hauses ermitteln will. Gehen Sie einfach die Liste durch und haken Sie die entsprechenden Punkte ab. Auf den ersten Blick scheint es komplizierter zu sein als es ist. Ich kann die meisten meiner Leser trösten. In der Mehrzahl aller Fälle liegt die Blickrichtung des Hauses dort, wo sich die Eingangstüre zum Haus befindet.

Periode	gut	brauchbar
1	1, 2, 3	2, 7
2	2, 3, 4	1, 4
3	3, 4, 5	8, 9
4	4, 5, 6	2, 7
5	5, 6, 7	2, 8
6	6, 7, 8	8, 9
7	7, 8, 9	1, 4
8	8, 9, 1	3, 6
9	9, 1, 2	3, 6

(Tab. 17.3)　Gute und brauchbare Zahlen

Wir haben acht Himmelsrichtungen. Da die das erste Drittel (die ersten 15°) einer jeden Himmelsrichtung als relativ instabil gilt, haben wir für das dort herrschende Energieniveau immer einen eigenen Chart. Die letzten 2/3 der jeweiligen Himmelsrichtung (insgesamt 30°) sind stabiler Natur und verfügen über einen gemeinsamen Chart.

Stellen Sie sich in die Eingangstüre, parallel zum Türrahmen, blicken Sie gerade nach außen und lesen Sie Ihren Kompass ab. So wissen Sie, welchen Haustyp Sie haben.

Nordwesten		315°	Norden		360° / 0°	Nordosten		45°
Nordwest 1	292,5° –	307,5	Nord 1	337,5° –	352,5°	Nordost 1	22,5° –	37,5°
Nordwest 2	307,5° –	322,5	Nord 2	352,5° –	7,5°	Nordost 2	37,5° –	52,5°
Nordwest 3	322,5° –	337,5	Nord 3	7,5° –	22,5°	Nordost 3	52,5° –	67,5°
Westen		**270°**				**Osten**		**90°**
West 1	247,5° –	262,5				Ost 1	67,5° –	82,5°
West 2	262,5° –	277,5				Ost 2	82,5° –	97,5°
West 3	277,5° –	292,5				Ost 3	97,5° –	112,5°
Südwesten		**225°**	**Süden**		**180°**	**Südosten**		**135°**
Südwest 1	202,5° –	217,5	Süd 1	157,5° –	172,5°	Südost 1	112,5° –	127,5°
Südwest 2	217,5° –	232,5	Süd 2	172,5° –	187,5°	Südost 2	127,5° –	142,5°
Südwest 3	232,5° –	247,5	Süd 3	187,5° –	202,5°	Südost 3	142,5° –	157,5°

(Tab. 17.4) Die 24 Himmelsrichtungen im Flying Star Feng Shui

Wenn Sie zum Beispiel Ihre Haustüre im Süden haben, das Haus nicht exakt ausgenordet ist, es also etwas schief eher Richtung Südosten liegt, dann kann es sein, dass Ihr Kompass circa 160 Grad anzeigt. Sie haben dann ein Süd-1-Haus. Wenn Ihr Haus exakt ausgerichtet ist, dann liegt der Eingang bei 180°. Sie haben dann ein Süd-2-Haus.

17.1. Bedeutung der Zahlenkombinationen im Flying Star Chart

Es folgt eine Tabelle mit den Bedeutungen der einzelnen Zahlenkombinationen. Eine weitere Tabelle zeigt die einzelnen Perioden mit den Haustypen

Wir befinden uns zur Zeit in Periode 8. Wenn Sie nach dem 3. Februar 2004 in ein neues Haus eingezogen sind, das Ihnen und Ihrer Familie ganz allein gehört, dann befindet es sich in Periode 8.

Die Periode eines Gebäudes wird durch den Zeitpunkt der Fertigstellung bestimmt. Und die Periode ändert sich, wenn folgendes geschieht:

- Sie streichen die Außenwände neu.
- Sie decken das Haus neu ein.
- Sie wechseln über 50 % der Fenster aus.
- Sie lassen Ihr Haus 30 Tage lang leerstehen. Das funktioniert aber nur, wenn keines Ihrer Familienmitglieder oder jemand anderes das Haus in dieser Zeit bewohnt.

- Oder Sie feiern ein großes, fröhliches, lautes Fest, zu dem Sie aber nur wirklich gute Freunde einladen sollten, Personen, die Sie gut leiden können. Solch ein Fest gibt hervorragende Yang-Energien und ändert die Periode eines Hauses. Machen Sie fröhliche Musik, leuchten Sie das Gebäude hell an. Tanzen Sie fröhlich und laden Sie wenn es geht Kinder ein. Kinder bringen Yang-Energie und Glück ins Haus. Wenn Sie stolzer Hundebesitzer sind können Sie all Ihre guten Freunde und Hundebesitzer einladen. Auch Hunde bringen prächtige Yang-Energien. Und die dürfen sich dann ruhig streiten, genauso wie die Kinder, das macht nichts. Das bringt Yang. Nur Sie als Hausbesitzer/Wohnungsinhaber sollten mit Leuten auf gleicher Ebene kommunizieren, die Ihnen Freude und nicht Verdruss bereiten.

Sie sehen, es ist nicht immer ganz leicht, bei Gebäuden die genaue Periode zu bestimmen. Ob Sie ab 2024 die Periode Ihres Gebäudes ändern wollen hängt davon ab, wie der neue Chart aussieht. Ist der alte Chart besser, für Schlafzimmer und Eingang, dann ist es womöglich sinnvoller, mit einem neuen Anstrich zu warten beziehungsweise anstehende Renovierungsarbeiten noch in der alten Periode durchzuführen. Ansonsten halt einfach gemäß den neuen Gegebenheiten den Innenraum umgestalten.

Beispiel: Nehmen wir an, Ihr Haus befindet sich in der Periode 8 und es ist ein Süd-2-Haus. Die besten Punkte wären dann im Süden, Südwesten, Westen. Dort sollte sich wenn möglich der Eingang und das Schlafzimmer befinden. Ist das nicht der Fall, dann entstören Sie einfach oder erwägen eine andere Raumaufteilung. Das Ganze sollte natürlich mit der persönlichen Kua-Formel abgestimmt werden. Nehmen wir an, Sie haben das Schlafzimmer bei Ihrem Süd-2-Haus im Nordosten. Hier herrscht demnach die 7 mit der 9. Gemäß unserer Liste wird diese Kombination am besten mit dem Chi der Erde ergänzt. Das hängt damit zusammen, dass die 9 zum Chi des Feuers gehört, die 7 repräsentiert das Chi des Metalls. Im Kreislauf der Elemente nährt Feuer Erde und Erde nährt Metall. So kommt es zu einem harmonischen Zusammenklang der Sterne 7 und 9, wenn wir das Chi der Erde einsetzen. Geben Sie dazu einen schönen, großen Stein in Ihr Schlafzimmer oder streichen Sie das Zimmer Gelb, Ocker oder Beige. Dies alles sind Farben, die dem Erd-Chi zugeordnet werden. Das bringt wirklich auf vorzügliche Art und Weise alles ins Lot. Haben Sie Ihr Schlafzimmer im Nordwesten, dann herrscht dort bei einem Süd-2-Haus leider zur Zeit die 5 mit der 2. Hier brauchen Sie Metallenergie, um das schlechte Chi der Erde zu erschöpfen. Denn Erde nährt Metall. Also Metallwindspiele einbringen, eine Münzsammlung im Metallrahmen aufhängen, viele Metallgegenstände anordnen.

Es folgt nun eine Liste mit genaueren Angaben zur Bedeutung der einzelnen Zahlenkombinationen. Links steht immer der Bergstern, rechts der Wasserstern. Der Bergstern steht mehr für Kommunikation und Gesundheit, der Wasserstern sorgt für Wohlstand. Ein guter Wasserstern ist am Eingang besonders günstig. Ein guter Bergstern sorgt im Schlafzimmer für erholsamen Schlaf.

Die Eins – Wasser repräsentiert Wohlstand

1 – 1 Gut für akademische Leistungen und künstlerische Kreativität. Krankheiten des Blutes, der Ohren, der Nieren. Durch Alkohol verursachte Unfälle. Romanzen, Affären, Probleme mit dem Gesetz. Die Doppelte 1 sorgt für sechzig Jahre Glück! Windspiel mit sechs Röhren aus Metall aktiviert!
1 – 2 Beziehungsprobleme. Unfälle, man erkrankt leicht. Dominante Frauen, Potenzprobleme. Verluste im Geschäft sind möglich. Magen- und Unterleibsschmerzen, nicht gut für Schlafzimmer oder Garage. Pflanzen harmonisieren diese Probleme.
1 – 3 Klatsch, Gerüchte, Prozesse, Ärger mit Behörden, Katastrophen, Verlust des Geldes, jedoch Erfolg auf Reisen. Pflanzen harmonisieren die Energien, ideal sind Wasserpflanzen.
1 – 4 Die Kombination fördert Männerfreundschaften, ist gut fürs Schreiben, für Ruhm und Glück in der Öffentlichkeit. Ideal für Politiker. Romantische Situationen entstehen und die Intelligenz wird gefördert. Eine kleine Schale stillen Wassers aktiviert die positiven Energien.
1 – 5 Probleme durch Krankheiten, Unfälle und Verletzungen. Metallenes Windspiel aus sechs Röhren heilt. Meiden Sie diesen Raum, falls das möglich ist.
1 – 6 Gut fürs Geld und das Karriereglück. Gefahr von Kopfschmerzen. Gut fürs Studium. Intelligente Kinder. Chi von unbewegtem Metall hilft: Münzen, Kunstwerke mit viel goldener Farbe.
1 – 7 Gut fürs Geld, jedoch auch Konkurrenz am Arbeitsplatz, Verletzungen durch metallische Objekte. Gut für Wohlstand, aber nur in der Periode 7. Flirts und Affären, Romantik. Gut für Reisen, gut für

Verkäufer. Fördert das rhetorische Talent und die Beliebtheit.. Indiz für rücksichtslose Konkurrenz. Vorsicht bei Partnern und Geschäftsfreunden. Kristalle (vor allem Citrin) und Licht bringen Harmonie.
1 – 8 Gut für Geld und Beruf. Ärger mit Geschäftspartnern. Kristallkugeln aktivieren den Sektor positiv, ebenso das Chi des Wassers (Zimmerspringbrunnen, Gemälde mit Wasser) um den Wohlstand zu aktivieren.
1 – 9 gut für Karriere und Geld. Ein Klangspiel aus Metall aktiviert die Energien.

Die Zwei – Eine Krankheitszahl

2 – 1 Eheprobleme, man erkrankt leicht. Unfälle. Dominante Frau. Pflanzen harmonisieren.
2 – 2 Gut für strategisches Planen, man erkrankt aber leicht. Verletzungsgefahr durch Unfälle. Instabile Finanzlage. Windspiel aus Metall mit sechs Röhren bringen alles ins Lot.
2 – 3 heftiger Streit, Prozesse, Unfälle, Krankheiten. Lärm vermeiden. Eine Schale mit Wasser (=stilles Wasser) heilt.
2 – 4 Emotionaler Stress, unangenehme Begegnungen, gut fürs Schreiben und akademische Leistungen. Stilles Wasser hilft. Zum Beispiel ein Gemälde mit ruhigem See.
2 – 5 Anfälligkeit für Krankheiten und Missgeschicke. Auch finanzielle Probleme. Wenn es geht, diesen Sektor meiden. Helle Ausleuchtung (Chi des Feuers) meiden. Windspiel aus Metall ist wichtig!
2 – 6 Gut für Anerkennung und Autorität, aber auch Krankheit. Angenehmes Leben mit Muße. Gut für Immobilienbesitz. Runde Kristallkugel aktiviert die phantastischen Eigenschaften dieser Kombination.
2 – 7 Konkurrenz, Intrigen am Arbeitsplatz, man erkrankt leicht. Verletzungen durch metallene Gegenstände. Windspiele, Glocken helfen. Auch ein Hahn aus Porzellan am Arbeitsplatz hilft.
2 – 8 Man erkrankt leicht, gut fürs Geld, gut für Immobilienbesitz, Wasser hilft.
2 – 9 Nicht gut für eine Arbeit in Forschung und Entwicklung. Eine höchst ungünstige Kombination fürs Kinderzimmer. Romanze, Pfirsichblütenglück=Liebesglück, aber auch Augenprobleme. Schwierigkeiten im Geschäft, Krankheiten, Leiden, Kummer, Verdauungsstörungen, mentale Mängel. Romanzen sind nicht dauerhaft. Nichts

gelingt ohne Maßnahmen gegen die Störung. Wasserpflanzen entschärfen den negativen Bergstern und harmonisieren den Wasserstern 9.

Die Drei – sorgt für Streit

Ein lachender Bhudda entschärft den Streitstern Drei.

3 – 1 Gerüchte, Prozesse, Gewalt, Verlust des Geldes. Bambus mit Wasser heilt. Alternative dazu: eine Kristallkugel oder ein schöner Stein.
3 – 2 Gerüchte, Klatsch, Verleumdung, Unfälle, man erkrankt leicht. Gefährlich für Politiker. Mutter-Sohn-Konflikt wird angedeutet. Heilung: Gegenstände aus Gold und Rote Gegenstände.
3 – 3 Streit, Uneinigkeit, Kämpfe, Diebstähle, Erkältungsanfälligkeit, Klatsch, Verleumdung. Metallenergie in Form von stillem Metall wie Münzen oder das klassische Feng Shui-Münzschwert oder ein normales Zierschwert helfen.
3 – 4 Sexuelle Skandale, Diebstahl, emotionale Probleme, gut fürs Schreiben und Akademische Leistungen, Veruntreuung von Finan-

zen, spleenige Bekannte. Helles Licht und Amethyst helfen.

3 – 5 Verlust des Wohlstandes, massive Geldprobleme, schwerwiegende Krankheitsprobleme sind wahrscheinlich. Schwierigkeiten für junge Männer, Verluste beim Glücksspiel. Yin-Metall (= stilles Metall) ist sehr hilfreich. Ideal sind Kupfergefäße.

3 – 6 Langsames Wachstum, schlecht für Teenager, gut für die Finanzen, Verletzungen am Bein. Schale mit stillem Wasser (Yin-Wasser) oder ein blauer Gegenstand harmonisieren die Energien.

3 – 7 Gewalt, Verletzung, Streit, Kämpfe, Verrat, Verletzungen durch metallene Objekte. Schale mit stillem Wasser oder blauer Gegenstand heben das Energieniveau.

3 – 8 Gut fürs Geld, ungünstig für das Kinderzimmer, Verletzungen an den vier Gliedmaßen, Problem mit Kindern, Fehlschläge. Schlecht für die Familie, besser für Wohlstand, Kreditwürdigkeit, und Status. Nicht gut für Kinder unter 12 Jahren. Gefahren für Gliedmaßen. Helles Licht heilt die Drei, Wasser aktiviert den Wasserstern Acht.

3 – 9 Prozesse Streit, Kämpfe, Raub, aber auch intelligente Kinder. Ein Kinderzimmer ist hier günstig. In Periode 8 (2004 – 2024) gut für akademischen Erfolg und Anerkennung. Stilles Wasser (Yin), blaue Gegenstände aktivieren positiv.

Die Vier – Romantik, Liebe und akademisches Glück

4 – 1 Gut für die Kreativität, Ruhm und künstlerische Leistungen, außereheliche Beziehungen, Sex-Skandale, neue Bekanntschaften, Romantik, literarischer Erfolg, Reisen aber auch Asthma. Fröhliche Bilder harmonisieren, bringen Sie das Holzelement in Form von Pflanzen ein.

4 – 2 Gut fürs Schreiben, Krankheiten im Unterleib, sexuelle Affären. Mutter-Tochter Konflikt. Akademischer Erfolg, aber auch Übellaunigkeit und spleeniges Verhalten vor allem beim Partner/ Partnerin Stilles Wasser in einer schönen Vase aber auch ein schöner Amethyststein erzeugen Harmonie.

4 – 3 Gut fürs Schreiben , künstlerische Kreativität, ungünstige Affären sind recht wahrscheinlich. Emotionale und mentale Probleme in der Partnerschaft. Verrückte Frauen, Verluste durch Veruntreuungen sind wahrscheinlich. Stress. Rot baut Stress ab, ebenso helles Licht.

4 – 4 äußerst günstig fürs Schreiben und die künstlerische Kreativität. Starke sexuelle Anziehungskraft. Blühende Romanzen. Bringt

Reisen, aber auch Asthma und Bronchialprobleme. Frische Blumen fördern die Romantik.

4 – 5 Mangel an Kreativität. Schnelle Erkrankungen, hohes Krankheitsrisiko, Hautkrankheiten, Infektionen. Wohlstandseinbußen durch Spielsucht. Gemälde das ein Wasser mit einem Berg zeigt entschärft die 5, ebenso ein Windspiel

4 – 6 Gut fürs Geld, relativ günstig für Schriftsteller und für die Kreativität, Erkältungen, Grippe, Beziehungsabbruch. Verlust eines Partners und der Ehefrau, Suizidgefahr durch Fehlschläge. Kristalle stärken die Erde. Metallgegenstände bitte eher vermeiden.

4 – 7 Probleme durch Streit und Prozesse. Probleme mit Dokumenten, gleichgeschlechtliche Liebesaffären, allgemein Liebesaffären. Verwundungen, Verletzungen. Yang -Wasser (Springbrunnen) heilt. Streichen Sie das Zimmer blau.

4 – 8 Gut fürs Schreiben, sehr viel Glück für Autoren, gut für das Geld, gut für Immobilien. Ungünstig für Kinder, Verletzungen sind möglich. Mentale und emotionale Probleme, Isolation, Rheuma, kein guter Raum für Kinder. Licht beseitigt die Gefahr. Runde, große Kristalle verstärken das Glück

4 – 9 Gut für die Kreativität und fürs Schreiben. Gut für das Studium. Genialität, aber auch sexuelle Abweichungen. Gefahren. Die Energie junger Pflanzen harmonisiert. Bitte die Farbe Rot und zu helles Licht eher meiden.

Die Fünf – Krankheit, Unfälle, Verluste und schlechte Nachrichten

5 – 1 Sexuelle Probleme, Krankheiten, Unfälle, Unglück, Zank in der Familie. Windspiel mit sechs hohlen Röhren entschärfen die Fünf.

5 – 2 eine sehr kritische Zahlenkombination. Desaster, Krankheit, Unglück. Mehrere Windspiele mit sechs hohlen Röhren. Viele Gegenstände aus Metall, harmonisieren den Sektor.

5 – 3 schlecht für Teenager, Geldprobleme, Streit, schlechte Geschäfte, Krankheit vor allem für Söhne, Geldverluste, Betrug Yin- Wasser (Bild eines Sees, Schale mit Wasser) entschärft die Situation.

5 – 4 man erkrankt relativ leicht, Mangel an Konzentration und Kreativität, Geldverluste, Windspiele verwenden. Pflanzen mit großen Blättern aufstellen!

5 – 5 recht kritisch, massive Krankheiten, Unfälle, Impotenz (außer in Periode 5) Malen Sie das Zimmer weiß aus, geben Sie mehrere

Windspiele mit sechs hohlen Röhren in den Raum. Bringen Sie zusätzlich sechs Goldmünzen über der Türe an.

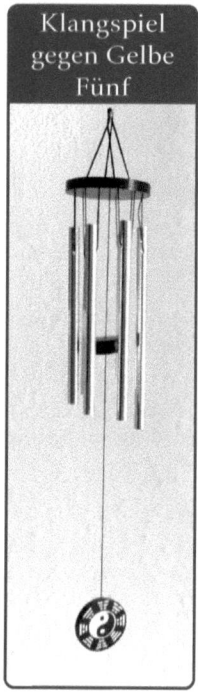

Klangspiel gegen Gelbe Fünf

5 – 6 Nicht gut fürs Geld , Erkrankungen im Bereich des Kopfes oder der Knochen, man erkrankt schnell. Kopfprobleme, Lungenprobleme, Impotenz, Gefahr für den Verstand. Finanzielles Pech, Verluste, Gefahr auch für Männer Legen Sie sechs Münzen unter den Teppich
5 – 7 Streit, man erkrankt leicht, Gefahr von Drogenproblemen. Verwenden Sie Wasser oder die Farbe Blau.
5 – 8 Nicht gut fürs Geld, ungünstig für Kinder. Verletzungen an den Gliedmaßen, emotionale Zerrissenheit, Geisteskrankheit, schwere Krankheiten, Probleme mit Gliedmaßen, Gelenken und Knochen. Yang- Wasser (Zimmerspringbrunnen, bewegtes Wasser) und Messingspiegel helfen gegen die Gefahren von Unfällen.
5 – 9 Vorsicht vor Infektionen. Nicht gut für Glücksspiel und Aktienkäufe, schlechte Laune, Stress, Unzufriedenheit. Verwenden Sie das Chi des Wassers: blauer Teppich, Wasserschale mit Wasserpflanzen, oder Zimmerspringbrunnen.

Die Sechs – Eine typische Glückszahl

6 – 1 Finanzielles Glück, berufliches Vorankommen, Freude in der Familie, jedoch auch Kopfschmerzen! Gut für die Liebe, gut fürs Schreiben, kluge Kinder. Metall Energie aktiviert: Windspiel, Münzen, Glocken, goldene Gegenstände.

6 – 2 großer Wohlstand, Macht und Autorität. Aber auch Blockierungen. Metall Energie bringt Harmonie.

6 – 3 ungünstig für junge Leute, Beinverletzungen, Sorgen, Kopfweh, Unfälle aber gut fürs Geld. Glück beim Spekulieren, unverhoffte Glücksfälle. Kristalle, schöne Halbedelstein aktivieren positive Energien.

6 – 4 Einsamkeit, gebrochene Herzen, Beziehungsprobleme, Frauen müssen auf sich Acht geben. Kristallkugeln helfen.

6 – 5 Finanzielles Glück ist blockiert man erkrankt leicht, Stress statt Karriere. Glocken und Messingspiegel entschärfen die Situation.

6 – 6 großes finanzielles Glück. Goldene Segelschiffe, silberne Vasen stärken das Glück.

6 – 7 Gut fürs Geld. Konkurrenz am Arbeitsplatz, Verletzungen durch metallen Gegenstände, Männer bekämpfen sich gegenseitig, Täuschungen, Raub. Streit wegen Geld, Feindseligkeiten, Neid auf Erfolg, Vater- Tochter Konflikt. Helles Licht, Feuerenergie entschärft des Wassersstern. Stilles Wasser verhindert Unglück.

6 – 8 emotionale Anspannung, Gefühle der Einsamkeit. Gut für Wohlstand, Karriere, Anerkennung, Wasser und Kristalle bringen gute Energien.

6 – 9 „Feuer an der Himmelstüre" Vorsicht! Nicht gut für die Familie, nicht gut für die Gesundheit. Rebellische Kinder. Aber gut fürs Geld! Wasser nimmt die Spannungen. Ein Spiegel mit Metallrahmen entschärft die Situation,

Die Sieben – Wohlstand, Fruchtbarkeit oder Unfälle und Gewalteinwirkungen

7 – 1 Günstig für Wohlstand, gut für Reisen, möglicherweise Affären, Intrigen am Arbeitsplatz, starker Wettbewerb. Wasser stärkt die Kombination und leitet positives Chi in diesen Sektor

7 – 2 Unfruchtbarkeit, Finanzielles Glück schwindet, Glück der Kinder schwindet, Streit mit Frauen, Konkurrenz am Arbeitsplatz.

Konflikte zwischen Mutter und Schwiegertochter. Metallwindspiele helfen.

7 – 3 Verletzungen drohen, Kämpfe und Streit, Verluste, Raub. Stilles Wasser heilt. Auch ein lachender Buddha entschärft den Streitstern 3.

7 – 4 Romanik, gut für Reisen, jedoch auch Prozesse, Scheidungen, Verletzungen, Fehlschläge. Jemand vom anderen Geschlecht nimmt auf sie Fahrt auf, auch Betrug ist möglich. Yang -Wasser (Zimmerspringbrunnen, Bild von einem Wasserfall) und viel Licht schützen vor Betrug. Tragen Sie ein Amulett gegen finanzielle Verluste. Zum Beispiel das Yin-Yang Symbol.

Ein Klassiker gegen die negativen Wirkungen der Sieben ist ein Nashorn.

7 – 5 ungünstige sexuelle Entwicklungen, emotionale Probleme, Streitigkeiten, man erkrankt schnell Verwenden Sie Metall Energie, Windspiele, auch die Farbe Rot ist hilfreich.

7 – 6 Pech, Eifersucht, Streit. Wasser einsetzen hilft. Zum Beispiel als Zimmerspringbrunnen oder ein blauer Teppich.

7 – 7 Raub, Affären mit ungünstigen Ausgang. Wasser neutralisiert.

7 – 8 Romanzen, Geld durch Konkurrenzkampf, viel Sex. Wasser und Kristalle fördern das Glück.

7 – 9 gut für Beruf und Autorität aber auch Streit und Kämpfe und vor allem sexuelle Eskapaden sind denkbar. Ein großer Stein -circa 20 cm Durchmesser- sorgt für Ausgleich der Energien.

Die Acht – Gesundheit und Wohlstand

8 – 1 gut für Geld, Karriere und Beruf, Streit unter Geschwistern. Wasser und Kristalle bringen Wohlstand.
8 – 2 die Acht dominiert und bringt Glück und Wohlstand, vor allem im Immobilienhandel. Man erkrankt aber auch relativ leicht. Bilder mit Bergen aktivieren günstiges Chi. Ein Metallwindspiel hilft gegen Krankheiten.
8 – 3 Gut fürs Geld, schlecht für Kinder unter 12 Jahren. Verletzungen an den vier Gliedmaßen. Probleme mit der Familie. Stimuliert die Sexualität, Neid, Feindseligkeiten und Missverständnisse. Herzprobleme und Asthma sind möglich. Kristall oder runder Stein aktiviert den Bergstern 8. Verwenden Sie Rot oder Gelb gegen Probleme verursacht durch die Zwei.
8 – 4 fördert Schreiben und Kreativität. Ungünstig fürs Kinderzimmer, sorgt für Stress und eine dominante Frau im Haus. Verwenden Sie Feuer und die Farbe Rot.
8 – 5 Ungünstig fürs Geld, Verletzungsgefahr, ernsthafte Krankheiten, Konzentrationsprobleme, allgemein mentale Probleme. Heilung erfolgt mit Wasser und Spiegeln mit Metallrahmen.
8 – 6 Reichtum, Wohlstand, Anerkennung, aber auch Gefühlsschwankungen. Kristalle harmonisieren und stärken den Wohlstand.
8 – 7 bringt Sexleben für junge Leute, Neigung zu Schlemmerei und Genuss, Beliebtheit trotz harten Wettbewerb und sorgt für Wohlstand. Wasser harmonisiert und dämpft Exzesse.
8 – 8 sehr günstig, absolutes Glück, massiver Wohlstand, beste Gesundheit. Kristallkugeln stärken zusätzlich.
8 – 9 Hervorragend für Finanzen und Festlichkeiten. Konflikte zwischen Jung und Alt können beträchtlich werden. Wasser gleicht aus und beruhigt die Gemüter.

Die Neun – Die Ambivalenz des Feuers

9 – 1 stärkt die Finanzen, ist gut für die Karriere. Chi des Metalls (zum Beispiel das klassische Feng Shui Windspiel aus Metallröhren) bringt Unterstützung.
9 – 2 Nicht gut für Arbeiten im Bereich Forschung und Entwicklung. Ungünstig für Kinder, Fruchtbarkeitsprobleme, Geschäftsprobleme, mentale Mängel, Krankheit, Schmerz, Leid, Kummer, Verdauungsstörungen, Pech, als Kinderzimmer eher meiden. Zur Heilung Wasser-

pflanzen, Windspiele und Münzen verwenden, Helles Licht ist nicht ratsam.

9 – 3 Streit, Kämpfe, Raub. Stilles Wasser (Schale mit Wasser, Bild eines Sees) heilt.

9 – 4 gut fürs Schreiben und die Kreativität. Gefahr von Feuerunfällen, nachteilige sexuelle Beziehungen. Begabte, gescheite Jungs. Von den Normen abweichende sexuelle Beziehungen. Gut für Studenten, Glück mit neuen Geschäft, gut für Söhne. Pflanzen, Goldfische, Kristallkugeln bringen Harmonie.

9 – 5 Streit, Verluste, Unglück zuhauf. Windspiele entschärfen.

9 – 6 gut für Finanzen, Streit zwischen den Generationen, Kopfschmerzen. Chi der Erde, zum Beispiel schöne Steine, harmonisiert.

9 – 7 sexuelle Verlockungen, Streit, Unfälle, gut für Anerkennung und berufliches Fortkommen. Das Chi der Erde, ein schöner Stein, verhilft zur Harmonie.

9 – 8 sehr gut für Finanzen und Feste, Missverständnisse zwischen den Generationen, Neid , Unsicherheit. Große Vase mit stillen Wasser entschärft die Situation.

9 – 9 zur Zeit sehr günstig, fördert den Wohlstand außerordentlich. Pflanzen stärken die Energien des Sektors.

17.2. Die Flying Star Charts aller Perioden

Auf den Folgenden Seiten finden Sie die Charts aller Perioden. Sie sind komplett und bilden die Grundlage für die Analysen.

7 4 9	2 9 5	9 2 7
8 3 8	6 5 **1**	4 7 3
3 8 4	1 1 6	5 6 2

Blick Süd 1
Double Sitting

5 6 9	1 1 5	3 8 7
4 7 8	6 5 **1**	8 3 3
9 2 4	2 9 6	7 4 2

Blick Süd 2/3
Double Facing

5 6 9	9 2 5	7 4 7
6 5 8	4 7 **1**	2 9 3
1 1 4	8 3 6	3 8 2

Blick Südwest 1
Double Sitting

3 8 9	8 3 5	1 1 7
2 9 8	4 7 **1**	6 5 3
7 4 4	9 2 6	5 6 2

Blick Südwest 2/3
Double Facing

9 2 9	4 7 5	2 9 7
1 1 8	8 3 **1**	6 5 3
5 6 4	3 8 6	7 4 2

Blick West 1
Double Sitting

7 4 9	3 8 5	5 6 7
6 5 8	8 3 **1**	1 1 3
2 9 4	4 7 6	9 2 2

Blick West 2/3
Double Facing

8 3 9	4 7 5	6 5 7
7 4 8	9 2 **1**	2 9 3
3 8 4	5 6 6	1 1 2

Blick Nordwest 1
Double Facing

1 1 9	5 6 5	3 8 7
2 9 8	9 2 **1**	7 4 3
6 5 4	4 7 6	8 3 2

Blick Nordwest 2/3
Double Sitting

4 7 9	9 2 5	2 9 7
3 8 8	5 6 **1**	7 4 3
8 3 4	1 1 6	6 5 2

Blick Nord 1
Double Facing

6 5 9	1 1 5	8 3 7
7 4 8	5 6 **1**	3 8 3
2 9 4	9 2 6	4 7 2

Blick Nord 2/3
Double Sitting

6 5 9	2 9 5	4 7 7
5 6 8	7 4 **1**	9 2 3
1 1 4	3 8 6	8 3 2

Blick Nordost 1
Double Facing

8 3 9	3 8 5	1 1 7
9 2 8	7 4 **1**	5 6 3
4 7 4	2 9 6	6 5 2

Blick Nordost 2/3
Double Sitting

2 9 9	7 4 5	9 2 7
1 1 8	3 8 **1**	5 6 3
6 5 4	8 3 6	4 7 2

Blick Ost 1
Double Facing

4 7 9	8 3 5	6 5 7
5 6 8	3 8 **1**	1 1 3
9 2 4	7 4 6	2 9 2

Blick Ost 2/3
Double Sitting

3 8 9	7 4 5	5 6 7
4 7 8	2 9 **1**	9 2 3
8 3 4	6 5 6	1 1 2

Blick Südost 1
Double Sitting

1 1 9	6 5 5	8 3 7
9 2 8	2 9 **1**	4 7 3
5 6 4	7 4 6	3 8 2

Blick Südost 2/3
Double Facing

Flying Star Feng Shui

Blick Süd 1 — Double Facing

6 7 / 1	2 2 / **6**	4 9 / 8
5 8 / 9	7 6 / 2	9 4 / 4
1 3 / 5	3 1 / 7	8 5 / 3

Blick Süd 2/3 — Double Sitting

8 5 / 1	3 1 / **6**	1 3 / 8
9 4 / 9	7 6 / 2	5 8 / 4
4 9 / 5	2 2 / 7	6 7 / 3

Blick Südwest 1

6 9 / 1	1 4 / 6	8 2 / **8**
7 1 / 9	5 8 / 2	3 6 / 4
2 5 / 5	9 3 / 7	4 7 / 3

Blick Südwest 2/3

4 7 / 1	9 3 / 6	2 5 / **8**
3 6 / 9	5 8 / 2	7 1 / 4
8 2 / 5	1 4 / 7	6 9 / 3

Blick West 1 — Double Facing

8 5 / 1	4 9 / 6	6 7 / 8
7 6 / 9	9 4 / 2	2 2 / **4**
3 1 / 5	5 8 / 7	1 3 / 3

Blick West 2/3 — Double Sitting

1 3 / 1	5 8 / 6	3 1 / 8
2 2 / 9	9 4 / 2	7 6 / **4**
6 7 / 5	4 9 / 7	8 5 / 3

Blick Nordwest 1

9 2 / 1	5 7 / 6	7 9 / 8
8 1 / 9	1 3 / 2	3 5 / 4
4 6 / 5	6 8 / 7	2 4 / **3**

Blick Nordwest 2/3

2 4 / 1	6 8 / 6	4 6 / 8
3 5 / 9	1 3 / 2	8 1 / 4
7 9 / 5	5 7 / 7	9 2 / **3**

Blick Nord 1 — Double Sitting

7 6 / 1	2 2 / 6	9 4 / 8
8 5 / 9	6 7 / 2	4 9 / 4
3 1 / 5	1 3 / **7**	5 8 / 3

Blick Nord 2/3 — Double Facing

5 8 / 1	1 3 / 6	3 1 / 8
4 9 / 9	6 7 / 2	8 5 / 4
9 4 / 5	2 2 / **7**	7 6 / 3

Blick Nordost 1

9 6 / 1	4 1 / 6	2 8 / 8
1 7 / 9	8 5 / 2	6 3 / 4
5 2 / **5**	3 9 / 7	7 4 / 3

Blick Nordost 2/3

7 4 / 1	3 9 / 6	5 2 / 8
6 3 / 9	8 5 / 2	1 7 / 4
2 8 / **5**	4 1 / 7	9 6 / 3

Blick Ost 1 — Double Sitting

5 8 / 1	9 4 / 6	7 6 / 8
6 7 / **9**	4 9 / 2	2 2 / 4
1 3 / 5	8 5 / 7	3 1 / 3

Blick Ost 2/3 — Double Facing

3 1 / 1	8 5 / 6	1 3 / 8
2 2 / **9**	4 9 / 2	6 7 / 4
7 6 / 5	9 4 / 7	5 8 / 3

Blick Südost 1

2 9 / **1**	7 5 / 6	9 7 / 8
1 8 / 9	3 1 / 2	5 3 / 4
6 4 / 5	8 6 / 7	4 2 / 3

Blick Südost 2/3

4 2 / **1**	8 6 / 6	6 4 / 8
5 3 / 9	3 1 / 2	1 8 / 4
9 7 / 5	7 5 / 7	2 9 / 3

Flying Star Feng Shui

Each cell shows: mountain star (top-left) · water star (top-right) · base number (bottom-center). Underlined digits are marked with <u>…</u>.

Blick Süd 1 — Double Sitting

9 6 · 2	4 2 · <u>7</u>	2 4 · 9
1 5 · 1	8 7 · 3	6 9 · 5
5 1 · 6	3 3 · 8	7 8 · 4

Blick Süd 2/3 — Double Facing

7 8 · 2	3 3 · <u>7</u>	5 1 · 9
6 9 · 1	8 7 · 3	1 5 · 5
2 4 · 6	4 2 · 8	9 6 · 4

Blick Südwest 1 — Double Sitting

7 8 · 2	2 4 · 7	9 6 · <u>9</u>
8 7 · 1	6 9 · 3	4 2 · 5
3 3 · 6	1 5 · 8	5 1 · 4

Blick Südwest 2/3 — Double Facing

5 1 · 2	1 5 · 7	3 3 · <u>9</u>
4 2 · 1	6 9 · 3	8 7 · 5
9 6 · 6	2 4 · 8	7 8 · 4

Blick West 1

9 4 · 2	5 9 · 7	7 2 · 9
8 3 · 1	1 5 · 3	3 7 · <u>5</u>
4 8 · 6	6 1 · 8	2 6 · 4

Blick West 2/3

2 6 · 2	6 1 · 7	4 8 · 9
3 7 · 1	1 5 · 3	8 3 · <u>5</u>
7 2 · 6	5 9 · 8	9 4 · 4

Blick Nordwest 1

3 5 · 2	7 9 · 7	5 7 · 9
4 6 · 1	2 4 · 3	9 2 · 5
8 1 · 6	6 8 · 8	1 3 · <u>4</u>

Blick Nordwest 2/3

1 3 · 2	6 8 · 7	8 1 · 9
9 2 · 1	2 4 · 3	4 6 · 5
5 7 · 6	7 9 · 8	3 5 · <u>4</u>

Blick Nord 1 — Double Facing

6 9 · 2	2 4 · 7	4 2 · 9
5 1 · 1	7 8 · 3	9 6 · 5
1 5 · 6	3 3 · <u>8</u>	8 7 · 4

Blick Nord 2/3 — Double Sitting

8 7 · 2	3 3 · 7	1 5 · 9
9 6 · 1	7 8 · 3	5 1 · 5
4 2 · 6	2 4 · <u>8</u>	6 9 · 4

Blick Nordost 1 — Double Facing

8 7 · 2	4 2 · 7	6 9 · 9
7 8 · 1	9 6 · 3	2 4 · 5
3 3 · <u>6</u>	5 1 · 8	1 5 · 4

Blick Nordost 2/3 — Double Sitting

1 5 · 2	5 1 · 7	3 3 · 9
2 4 · 1	9 6 · 3	7 8 · 5
6 9 · <u>6</u>	4 2 · 8	8 7 · 4

Blick Ost 1

4 9 · 2	9 5 · 7	2 7 · 9
3 8 · <u>1</u>	5 1 · 3	7 3 · 5
8 4 · 6	1 6 · 8	6 2 · 4

Blick Ost 2/3

6 2 · 2	1 6 · 7	8 4 · 9
7 3 · <u>1</u>	5 1 · 3	3 8 · 5
2 7 · 6	9 5 · 8	4 9 · 4

Blick Südost 1

5 3 · <u>2</u>	9 7 · 7	7 5 · 9
6 4 · 1	4 2 · 3	2 9 · 5
1 8 · 6	8 6 · 8	3 1 · 4

Blick Südost 2/3

3 1 · <u>2</u>	8 6 · 7	1 8 · 9
2 9 · 1	4 2 · 3	6 4 · 5
7 5 · 6	9 7 · 8	5 3 · 4

Flying Star Feng Shui

Blick Süd 1 — Double Facing

8 9 / 3	4 4 / **8**	6 2 / 1
7 1 / 2	9 8 / **4**	2 6 / 6
3 5 / 7	5 3 / 9	1 7 / 5

Blick Süd 2/3 — Double Sitting

1 7 / 3	5 3 / **8**	3 5 / 1
2 6 / 2	9 8 / **4**	7 1 / 6
6 2 / 7	4 4 / 9	8 9 / 5

Blick Südwest 1

6 9 / 3	2 5 / 8	4 7 / <u>1</u>
5 8 / 2	7 1 / **4**	9 3 / 6
1 4 / 7	3 6 / 9	8 2 / 5

Blick Südwest 2/3

8 2 / 3	3 6 / 8	1 4 / <u>1</u>
9 3 / 2	7 1 / **4**	5 8 / 6
4 7 / 7	2 5 / 9	6 9 / 5

Blick West 1

3 7 / 3	7 2 / 8	5 9 / 1
4 8 / 2	2 6 / **4**	9 4 / <u>6</u>
8 3 / 7	6 1 / 9	1 5 / 5

Blick West 2/3

1 5 / 3	6 1 / 8	8 3 / 1
9 4 / 2	2 6 / **4**	4 8 / <u>6</u>
5 9 / 7	7 2 / 9	3 7 / 5

Blick Nordwest 1 — Double Facing

2 6 / 3	7 1 / 8	9 8 / 1
1 7 / 2	3 5 / **4**	5 3 / 6
6 2 / 7	8 9 / 9	4 4 / <u>5</u>

Blick Nordwest 2/3 — Double Sitting

4 4 / 3	8 9 / 8	6 2 / 1
5 3 / 2	3 5 / **4**	1 7 / 6
9 8 / 7	7 1 / 9	2 6 / <u>5</u>

Blick Nord 1 — Double Sitting

9 8 / 3	4 4 / 8	2 6 / 1
1 7 / 2	8 9 / **4**	6 2 / 6
5 3 / 7	3 5 / <u>9</u>	7 1 / 5

Blick Nord 2/3 — Double Facing

7 1 / 3	3 5 / 8	5 3 / 1
6 2 / 2	8 9 / **4**	1 7 / 6
2 6 / 7	4 4 / <u>9</u>	9 8 / 5

Blick Nordost 1

9 6 / 3	5 2 / 8	7 4 / 1
8 5 / 2	1 7 / **4**	3 9 / 6
4 1 / <u>7</u>	6 3 / 9	2 8 / 5

Blick Nordost 2/3

2 8 / 3	6 3 / 8	4 1 / 1
3 9 / 2	1 7 / **4**	8 5 / 6
7 4 / <u>7</u>	5 2 / 9	9 6 / 5

Blick Ost 1

7 3 / 3	2 7 / 8	9 5 / 1
8 4 / <u>2</u>	6 2 / **4**	4 9 / 6
3 8 / 7	1 6 / 9	5 1 / 5

Blick Ost 2/3

5 1 / 3	1 6 / 8	3 8 / 1
4 9 / <u>2</u>	6 2 / **4**	8 4 / 6
9 5 / 7	2 7 / 9	7 3 / 5

Blick Südost 1 — Double Sitting

6 2 / <u>3</u>	1 7 / 8	8 9 / 1
7 1 / 2	5 3 / **4**	3 5 / 6
2 6 / 7	9 8 / 9	4 4 / 5

Blick Südost 2/3 — Double Facing

4 4 / <u>3</u>	9 8 / 8	2 6 / 1
3 5 / 2	5 3 / **4**	7 1 / 6
8 9 / 7	1 7 / 9	6 2 / 5

Flying Star Feng Shui

Blick Süd 1
9 8 / 4	5 4 / **9**	7 6 / 2
8 7 / 3	1 9 / **5**	3 2 / 7
4 3 / 8	6 5 / 1	2 1 / 6

Blick Süd 2/3
2 1 / 4	6 5 / **9**	4 3 / 2
3 2 / 3	1 9 / **5**	8 7 / 7
7 6 / 8	5 4 / 1	9 8 / 6

Blick Südwest 1
9 3 / 4	4 7 / 9	2 5 / <u>2</u>
1 4 / 3	8 2 / **5**	6 9 / 7
5 8 / 8	3 6 / 1	7 1 / 6

Blick Südwest 2/3
7 1 / 4	3 6 / 9	5 8 / <u>2</u>
6 9 / 3	8 2 / **5**	1 4 / 7
2 5 / 8	4 7 / 1	9 3 / 6

Blick West 1
2 6 / 4	7 2 / 9	9 4 / 2
1 5 / 3	3 7 / **5**	5 9 / <u>7</u>
6 1 / 8	8 3 / 1	4 8 / 6

Blick West 2/3
4 8 / 4	8 3 / 9	6 1 / 2
5 9 / 3	3 7 / **5**	1 5 / <u>7</u>
9 4 / 8	7 2 / 1	2 6 / 6

Blick Nordwest 1
5 7 / 4	9 2 / 9	7 9 / 2
6 8 / 3	4 6 / **5**	2 4 / 7
1 3 / 8	8 1 / 1	3 5 / <u>6</u>

Blick Nordwest 2/3
3 5 / 4	8 1 / 9	1 3 / 2
2 4 / 3	4 6 / **5**	6 8 / 7
7 9 / 8	9 2 / 1	5 7 / <u>6</u>

Blick Nord 1
8 9 / 4	4 5 / 9	6 7 / 2
7 8 / 3	9 1 / **5**	2 3 / 7
3 4 / 8	5 6 / <u>1</u>	1 2 / 6

Blick Nord 2/3
1 2 / 4	5 6 / 9	3 4 / 2
2 3 / 3	9 1 / **5**	7 8 / 7
6 7 / <u>8</u>	4 5 / 1	8 9 / 6

Blick Nordost 1
3 9 / 4	7 4 / 9	5 2 / 2
4 1 / 3	2 8 / **5**	9 6 / 7
8 5 / <u>8</u>	6 3 / 1	1 7 / 6

Blick Nordost 2/3
1 7 / 4	6 3 / 9	8 5 / 2
9 6 / 3	2 8 / **5**	4 1 / 7
5 2 / <u>8</u>	7 4 / 1	3 9 / 6

Blick Ost 1
6 2 / 4	2 7 / 9	4 9 / 2
5 1 / <u>3</u>	7 3 / **5**	9 5 / 7
1 6 / 8	3 8 / 1	8 4 / 6

Blick Ost 2/3
8 4 / 4	3 8 / 9	1 6 / 2
9 5 / <u>3</u>	7 3 / **5**	5 1 / 7
4 9 / 8	2 7 / 1	6 2 / 6

Blick Südost 1
7 5 / <u>4</u>	2 9 / 9	9 7 / 2
8 6 / 3	6 4 / **5**	4 2 / 7
3 1 / 8	1 8 / 1	5 3 / 6

Blick Südost 2/3
5 3 / <u>4</u>	1 8 / 9	3 1 / 2
4 2 / 3	6 4 / **5**	8 6 / 7
9 7 / 8	2 9 / 1	7 5 / 6

Flying Star Feng Shui

Blick Süd 1 — Double Sitting

3 9	7 5	5 7
5	**1**	3
4 8	2 1	9 3
4	**6**	8
8 4	6 6	1 2
9	2	7

Blick Süd 2/3 — Double Facing

1 2	6 6	8 4
5	**1**	3
9 3	2 1	4 8
4	**6**	8
5 7	7 5	3 9
9	2	7

Blick Südwest 1

8 2	4 7	6 9
5	1	3
7 1	9 3	2 5
4	**6**	8
3 6	5 8	1 4
9	2	7

Blick Südwest 2/3

1 4	5 8	3 6
5	1	3
2 5	9 3	7 1
4	**6**	8
6 9	4 7	8 2
9	2	7

Blick West 1

5 9	9 4	7 2
5	1	3
6 1	4 8	2 6
4	**6**	8
1 5	8 3	3 7
9	2	7

Blick West 2/3

3 7	8 3	1 5
5	1	3
2 6	4 8	6 1
4	**6**	8
7 2	9 4	5 9
9	2	7

Blick Nordwest 1 — Double Sitting

6 6	1 2	8 4
5	1	3
7 5	5 7	3 9
4	**6**	8
2 1	9 3	4 8
9	2	7

Blick Nordwest 2/3 — Double Facing

4 8	9 3	2 1
5	1	3
3 9	5 7	7 5
4	**6**	8
8 4	1 2	6 6
9	2	7

Blick Nord 1 — Double Facing

9 3	5 7	7 5
5	1	3
8 4	1 2	3 9
4	**6**	8
4 8	6 6	2 1
9	2	7

Blick Nord 2/3 — Double Sitting

2 1	6 6	4 8
5	1	3
3 9	1 2	8 4
4	**6**	8
7 5	5 7	9 3
9	2	7

Blick Nordost 1

2 8	7 4	9 6
5	1	3
1 7	3 9	5 2
4	**6**	8
6 3	8 5	4 1
9	2	7

Blick Nordost 2/3

4 1	8 5	6 3
5	1	3
5 2	3 9	1 7
4	**6**	8
9 6	7 4	2 8
9	2	7

Blick Ost 1

9 5	4 9	2 7
5	1	3
1 6	8 4	6 2
4	**6**	8
5 1	3 8	7 3
9	2	7

Blick Ost 2/3

7 3	3 8	5 1
5	1	3
6 2	8 4	1 6
4	**6**	8
2 7	4 9	9 5
9	2	7

Blick Südost 1 — Double Facing

6 6	2 1	4 8
5	1	3
5 7	7 5	9 3
4	**6**	8
1 2	3 9	8 4
9	2	7

Blick Südost 2/3 — Double Sitting

8 4	3 9	1 2
5	1	3
9 3	7 5	5 7
4	**6**	8
4 8	2 1	6 6
9	2	7

Flying Star Feng Shui

Blick Süd 1 — Double Facing

2 3 / 6	7 7 / **2**	9 5 / 4
1 4 / 5	3 2 / **7**	5 9 / 9
6 8 / 1	8 6 / 3	4 1 / 8

Blick Süd 2/3 — Double Sitting

4 1 / 6	8 6 / **2**	6 8 / 4
5 9 / 5	3 2 / **7**	1 4 / 9
9 5 / 1	7 7 / 3	2 3 / 8

Blick Südwest 1 — Double Facing

9 5 / 6	5 9 / 2	7 7 / **4**
8 6 / 5	1 4 / **7**	3 2 / 9
4 1 / 1	6 8 / 3	2 3 / 8

Blick Südwest 2/3 — Double Sitting

2 3 / 6	6 8 / 2	4 1 / **4**
3 2 / 5	1 4 / **7**	8 6 / 9
7 7 / 1	5 9 / 3	9 5 / 8

Blick West 1

4 8 / 6	9 4 / 2	2 6 / 4
3 7 / 5	5 9 / **7**	7 2 / **9**
8 3 / 1	1 5 / 3	6 1 / 8

Blick West 2/3

6 1 / 6	1 5 / 2	8 3 / 4
7 2 / 5	5 9 / **7**	3 7 / **9**
2 6 / 1	9 4 / 3	4 8 / 8

Blick Nordwest 1

7 9 / 6	2 4 / 2	9 2 / 4
8 1 / 5	6 8 / **7**	4 6 / 9
3 5 / 1	1 3 / 3	5 7 / **8**

Blick Nordwest 2/3

5 7 / 6	1 3 / 2	3 5 / 4
4 6 / 5	6 8 / **7**	8 1 / 9
9 2 / **1**	2 4 / 3	7 9 / **8**

Blick Nord 1 — Double Sitting

3 2 / 6	7 7 / 2	5 9 / 4
4 1 / 5	2 3 / **7**	9 5 / 9
8 6 / 1	6 8 / **3**	1 4 / 8

Blick Nord 2/3 — Double Facing

1 4 / 6	6 8 / 2	8 6 / 4
9 5 / 5	2 3 / **7**	4 1 / 9
5 9 / **1**	7 7 / **3**	3 2 / 8

Blick Nordost 1 — Double Sitting

5 9 / 6	9 5 / 2	7 7 / 4
6 8 / 5	4 1 / **7**	2 3 / 9
1 4 / **1**	8 6 / 3	3 2 / 8

Blick Nordost 2/3 — Double Facing

3 2 / 6	8 6 / 2	1 4 / 4
2 3 / 5	4 1 / **7**	6 8 / 9
7 7 / **1**	9 5 / 3	5 9 / 8

Blick Ost 1

8 4 / 6	4 9 / 2	6 2 / 4
7 3 / **5**	9 5 / **7**	2 7 / 9
3 8 / 1	5 1 / 3	1 6 / 8

Blick Ost 2/3

1 6 / 6	5 1 / 2	3 8 / 4
2 7 / **5**	9 5 / **7**	7 3 / 9
6 2 / 1	4 9 / 3	8 4 / 8

Blick Südost 1

9 7 / **6**	4 2 / 2	2 9 / 4
1 8 / 5	8 6 / **7**	6 4 / 9
5 3 / 1	3 1 / 3	7 5 / 8

Blick Südost 2/3

7 5 / **6**	3 1 / 2	5 3 / 4
6 4 / 5	8 6 / **7**	1 8 / 9
2 9 / 1	4 2 / 3	9 7 / 8

Flying Star Feng Shui

```
 5   2    9   7    7   9
   7       **3**      5
 6   1    4   3    2   5
   6       8        1
 1   6    8   8    3   4
   2       4        9
```
Blick Süd 1 — Double Sitting

```
 3   4    8   8    1   6
   7       **3**      5
 2   5    4   3    6   1
   6       8        1
 7   9    9   7    5   2
   2       4        9
```
Blick Süd 2/3 — Double Facing

```
 3   6    7   1    5   8
   7       3       **5**
 4   7    2   5    9   3
   6       8        1
 8   2    6   9    1   4
   2       4        9
```
Blick Südwest 1

```
 1   4    6   9    8   2
   7       3       **5**
 9   3    2   5    4   7
   6       8        1
 5   8    7   1    3   6
   2       4        9
```
Blick Südwest 2/3

```
 7   9    2   5    9   7
   7       3        5
 8   8    6   1    4   3
   6       8       **1**
 3   4    1   6    5   2
   2       4        9
```
Blick West 1 — Double Sitting

```
 5   2    1   6    3   4
   7       3        5
 4   3    6   1    8   8
   6       8       **1**
 9   7    2   5    7   9
   2       4        9
```
Blick West 2/3 — Double Facing

```
 6   8    2   4    4   6
   7       3        5
 5   7    7   9    9   2
   6       8        1
 1   3    3   5    8   1
   2       4       **9**
```
Blick Nordwest 1

```
 8   1    3   5    1   3
   7       3        5
 9   2    7   9    5   7
   6       8        1
 4   6    2   4    6   8
   2       4       **9**
```
Blick Nordwest 2/3

```
 2   5    7   9    9   7
   7       3        5
 1   6    3   4    5   2
   6       8        1
 6   1    8   8    4   3
   2       **4**     9
```
Blick Nord 1 — Double Facing

```
 4   3    8   8    6   1
   7       3        5
 5   2    3   4    1   6
   6       8        1
 9   7    7   9    2   5
   **2**    4        9
```
Blick Nord 2/3 — Double Sitting

```
 6   3    1   7    8   5
   7       3        5
 7   4    5   2    3   9
   6       8        1
 2   8    9   6    4   1
   **2**    4        9
```
Blick Nordost 1

```
 4   1    9   6    2   8
   7       3        5
 3   9    5   2    7   4
   6       8        1
 8   5    1   7    6   3
   **2**    4        9
```
Blick Nordost 2/3

```
 9   7    5   2    7   9
   7       3        5
 8   8    1   6    3   4
   **6**    8        1
 4   3    6   1    2   5
   2       4        9
```
Blick Ost 1 — Double Facing

```
 2   5    6   1    4   3
   7       3        5
 3   4    1   6    8   8
   **6**    8        1
 7   9    5   2    9   7
   2       4        9
```
Blick Ost 2/3 — Double Sitting

```
 8   6    4   2    6   4
   **7**    3        5
 7   5    9   7    2   9
   6       8        1
 3   1    5   3    1   8
   2       4        9
```
Blick Südost 1

```
 1   8    5   3    3   1
   **7**    3        5
 2   9    9   7    7   5
   6       8        1
 6   4    4   2    8   6
   2       4        9
```
Blick Südost 2/3

Flying Star Feng Shui

Blick Süd 1 — Double Facing
4 5 / **8**	9 9 / **4**	2 7 / 6
3 6 / 7	5 4 / **9**	7 2 / 2
8 1 / 3	1 8 / 5	6 3 / 1

Blick Süd 2/3 — Double Sitting
6 3 / 8	1 8 / **4**	8 1 / 6
7 2 / 7	5 4 / **9**	3 6 / 2
2 7 / 3	9 9 / 5	4 5 / 1

Blick Südwest 1 — Double Facing
2 7 / 8	7 2 / 4	9 9 / **6**
1 8 / 7	3 6 / **9**	5 4 / 2
6 3 / **3**	8 1 / 5	4 5 / 1

Blick Südwest 2/3 — Double Sitting
4 5 / 8	8 1 / 4	6 3 / **6**
5 4 / 7	3 6 / **9**	1 8 / 2
9 9 / 3	7 2 / 5	2 7 / **1**

Blick West 1 — Double Facing
6 3 / 8	2 7 / 4	4 5 / 6
5 4 / 7	7 2 / **9**	9 9 / **2**
1 8 / 3	3 6 / 5	8 1 / 1

Blick West 2/3 — Double Sitting
8 1 / 8	3 6 / 4	1 8 / 6
9 9 / 7	7 2 / **9**	5 4 / **2**
4 5 / 3	2 7 / 5	6 3 / 1

Blick Nordwest 1 — Double Sitting
9 9 / 8	4 5 / 4	2 7 / 6
1 8 / 7	8 1 / **9**	6 3 / 2
5 4 / 3	3 6 / 5	7 2 / **1**

Blick Nordwest 2/3 — Double Facing
7 2 / 8	3 6 / 4	5 4 / 6
6 3 / 7	8 1 / **9**	1 8 / 2
2 7 / 3	4 5 / 5	9 9 / **1**

Blick Nord 1 — Double Sitting
5 4 / 8	9 9 / 4	7 2 / 6
6 3 / 7	4 5 / **9**	2 7 / 2
1 8 / 3	8 1 / **5**	3 6 / 1

Blick Nord 2/3 — Double Facing
3 6 / 8	8 1 / 4	1 8 / 6
2 7 / 7	4 5 / **9**	6 3 / 2
7 2 / **3**	9 9 / **5**	5 4 / 1

Blick Nordost 1 — Double Sitting
7 2 / 8	2 7 / 4	9 9 / 6
8 1 / **7**	6 3 / **9**	4 5 / 2
3 6 / **3**	1 8 / 5	5 4 / 1

Blick Nordost 2/3 — Double Facing
5 4 / 8	1 8 / 4	3 6 / 6
4 5 / 7	6 3 / **9**	8 1 / 2
9 9 / **3**	2 7 / 5	7 2 / 1

Blick Ost 1 — Double Sitting
3 6 / 8	7 2 / 4	5 4 / 6
4 5 / **7**	2 7 / **9**	9 9 / 2
8 1 / 3	6 3 / 5	1 8 / 1

Blick Ost 2/3 — Double Facing
1 8 / 8	6 3 / 4	8 1 / 6
9 9 / **7**	2 7 / **9**	4 5 / 2
5 4 / **3**	7 2 / 5	3 6 / 1

Blick Südost 1 — Double Facing
9 9 / **8**	5 4 / 4	7 2 / 6
8 1 / 7	1 8 / **9**	3 6 / 2
4 5 / 3	6 3 / 5	2 7 / 1

Blick Südost 2/3 — Double Sitting
2 7 / **8**	6 3 / 4	4 5 / 6
3 6 / 7	1 8 / **9**	8 1 / 2
7 2 / 3	5 4 / 5	9 9 / 1

18 DER KREISLAUF DER ELEMENTE

Wer seinen Wohnraum gemäß dem Feng Shui harmonisieren will, sollte ein paar wichtige Grundregeln beherrschen. Die wichtigste Formel betrifft dabei den Kreislauf der Elemente. Im Osten und Südosten residiert das Element Holz. Es steht für Frühling, Neubeginn, Wachstum und Kreativität. Holz nährt das Feuer, das Element, das im Süden herrscht und Erfolg, Aktivität und Kraft signalisiert. Feuer verwandelt Holz zu Asche, es entsteht daraus Erde. Das Chi der Erde entsteht also aus dem Chi des Feuers. Die Erde steht für Stabilität, Sicherheit, für das Bewahren. Der Südwesten, das Zentrum und der Nordosten werden diesem Element zugeordnet. Im Gestein, im Boden der Gebirge werden geologisch Ansammlungen von Eisen, Kupfer und anderen Metallen verordnet. Metall entsteht in der Erde. Und Metall kann sich verflüssigen oder sogar bei niedriger Temperatur flüssig sein (Quecksilber). Aus dem Metall entsteht gemäß daoistischer Lehre das Wasser. Metall gebiert Wasser. Das Metall residiert dabei im Westen und Nordwesten. Das Wasser ist das Element des Nordens.

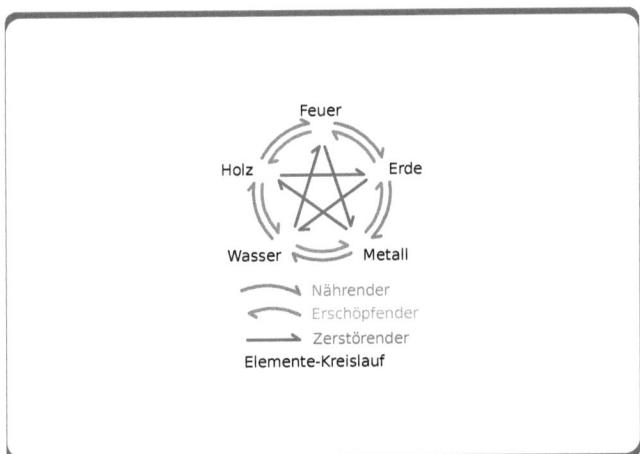

Kurz nochmals zusammengefasst: Holz gebiert (nährt) Feuer, Feuer nährt die Erde, Erde nährt das Metall und Metall nährt das Wasser. Den umgekehrten nährenden Kreislauf nennt man den erschöpfenden Kreislauf. Feuer erschöpft Holz, Erde erschöpft Feuer, Metall erschöpft Erde und Wasser erschöpft das Metall. So wie Kinder manchmal Eltern doch recht anstrengen und Ihnen Energie kosten, so ist es auch mit den Elementen, die die nachfolgenden Elemente gebären. In der Praxis wird zum Beispiel eine negative Energie, die sich in der Metallzahl Sieben symbolisch zum Ausdruck bringen kann, durch das Element Wasser entschärft, denn Wasser erschöpft ja das Metall. Wo immer wir es mit negativen Wirkungen der Elemente zu tun haben, ist es angeraten, den erschöpfenden Kreislauf einzusetzen.

Ein anderer Klassiker ist der Krankheitsstern Fünf, ein Erdstern, er wird mit Metall harmonisiert. Ein weiteres Beispiel wäre der Holzstern Drei, der für Streit steht. Feuer erschöpft das Holz. Helle Lampen, Kerzenlicht und die Farbe Rot sind angezeigt. Wer einen günstigen Stern unterstützen will, macht dies entweder mit dem entsprechenden Element oder mit dem nähernden Element. Die Acht, ein Erdstern, der zur Zeit Wohlstand bringt, wird mit dem Element Erde (z.B ein schöner Stein) oder dem Element Feuer aktiviert. Näheres steht ja bereits in den Ausführungen zu den einzelnen Himmelsrichtungen.

Weiter existiert noch der zerstörende Kreislauf der Elemente. Die Elemente, die sich im Kreislauf gegenüber liegen, sind sich spinnefeind. Feuer schmilzt Metall. Erde verschmutzt Wasser. Wasser löscht Feuer. Metall zerstört Holz. Im Notfall kann auch der zerstörende Kreislauf zum Einsatz gelangen. Zum Beispiel kann ein schlechter Erdstern durch das Chi des Holzes entstört werden. Dies geschieht zum Beispiel durch den Einsatz der Farbe Grün. Da Erde aber auch Wasser verschmutzt, wird es durch das Wasserelement ebenfalls in Anspruch genommen und damit geschwächt. Wenn also der Erdstern Fünf, der im Feng Shui in der jetzigen Periode eher negative Aspekte zum Ausdruck bringt, über Ihrem Eingang oder Schlafzimmer liegt, können Sie neben Metall (Gegenstände aus Metall, den Farben Silber, Weiß, Grau und Gold) auch mit dem Element Holz (Grüntöne, Pflanzen, Gegenstände aus Holz) oder dem Element Wasser (Farbe Blau, Zierbrunnen) entstören. Meiden sollten Sie Feuer (Farbe Rot, Kerzenlicht) oder das Erdelement (Farbe Gelb, Steine). Als vornehm und adäquat gilt im Feng Shui vor allem der Einsatz des erschöpfenden Kreislaufes. Der zerstörende Zyklus wird allgemein als zu stark gewertet und sollte eher vermieden werden und nur in Notfällen Einsatz finden.

KOMBINATION ALLER FORMELN

Ein wichtiger Aspekt des Feng Shui ist die Frage nach der Kombination von Grundchart, persönlichem Chart und Flying Star Chart. Nun, die Antwort darauf ist im Grunde denkbar einfach. Sie können prinzipiell die Lebenswünsche der entsprechenden Himmelsrichtungen aktiveren. Im Südwesten ist dies zum Beispiel das Beziehungsglück. Das entsprechende Element dafür ist die Erde. Im Lo-Shu-Quadrat, dem wichtigsten Werkzeug des Feng Shui, steht hier die Zahl Zwei.

6 NW	1 N	8 NO		Metall NW	Wasser N	Erde NO
7 W	5	3 O		Metall W	Erde	Holz O
2 SW	9 S	4 SO		Erde SW	Feuer S	Holz SO

(Abb. 19.1) Das Lo-Shu-Quadrat: Zahlen und zugeordnete Elemente in den einzelnen Himmelsrichtungen

Zwei Steine, überhaupt zwei Gegenstände, befördern Ihr Beziehungsglück, Ihre Partnerschaft. Ein Feng-Shui-Klassiker sind dabei zwei turtelnde Tauben oder andere Vögel, denn Vögel symbolisieren gute Nachrichten vom Himmel. Wenn selbige noch gelb oder rot sind oder aus Porzellan oder Ton bestehen (= Erdelement), dann wirken die Gegenstände besonders stark. Wenn das Thema Beziehungsglück und Partnerschaft für Sie persönlich gerade besonders im Vordergrund steht, dann fördern Sie bitte zusätzlich Ihre persönliche Beziehungsrichtung. Bei der Kua-Zahl Zwei zum Beispiel ist die persönliche Beziehungsrichtung der Nordwesten. Geben Sie deswegen Gegenstände aus Metall in den Nordwesten oder schöne Steine, denn das Element Erde (Steine) stärkt das Element Metall, das im Nordwesten herrscht. Natürlich können Sie in Ihre persönliche Beziehungsrichtung oder auch in den Südwesten ein Foto von sich mit Ihrem Partner geben. Auch das stärkt Ihr Partnerschaftsglück.

Kombination aller Formeln

Freunde Förderer Organisation Führerschaft Selbstkontrolle	Karriere Unabhängigkeit Vitalität Potenz innere Kraft	Motivation Kampfgeist klarer Kopf Sieg Verstand
Kreativität Romantik Freude am Leben Einkommen	NW　N　NO W　　　O SW　S　SO	Selbstvertrauen Durchsetzungs- fähigkeit Gesundheit Aktivität
Fortschritt Partnerschaft praktisches Denken Rationalität	Ruhm Anerkennung Erfolg soziales Leben	Wohlstand Harmonie Wachstum

(Abb. 19.2) Die Bedeutung der einzelnen Himmelsrichtungen

Wenn der Flying Star Chart im Südwesten die Störung der Gelben Fünf anzeigt, dann dürfen Sie zusätzlich auch Metall einbringen. Dies ist dann *aber auch nur dann* sogar angeraten. Ideal ist hier ein Klangspiel aus fünf hohlen Röhren gegen die negative Fünf (einem Erdelement). Ein großer Fehler wäre es, im Südwestsektor nur Metallenergie einzubringen, denn Metall schwächt die Erde, das hier herrschende Element, und stört damit Ihr Beziehungsglück. Die Disonanz geht aber noch weiter. Wenn Sie nur Metall im Südwesten einsetzen und hier kein Erdelement einbringen, dann behindert dies vor allem den Erfolg der Chefin des Hauses. Aus gutem Grund wird im Feng Shui der Südwesten der Frau des Hauses zugeordnet. Nur Metallenergie hier zum Einsatz zu bringen bedeutet die Frau im Hause empfindlich zu schwächen. Ich habe es in meiner Praxis als Berater erlebt, dass Feng-Shui-Experten doch glatt nur die Entstörung nach Flying Star Richtlinien umgesetzt haben. Entsprechend katastrophal war dann das Ergebnis. Mein Rat: sparen Sie sich Feng Shui Berater. Werden Sie Ihr eigener Experte. Die Bücher von Lillian Too bieten hier ergänzend zu diesem Buch wirklich ausreichend Anregungen und Hinweise. Mehr braucht es nicht.

Eine Kuan-Yin-Statue im Südwesten bringt Familienglück.

Der Osten steht allgemein für Gesundheit. Wenn das Thema Gesundheit für Sie zur Zeit im Vordergrund steht, dann stärken Sie bitte diesen Sektor. Da die Zahl des Ostens die Drei ist, geschieht dies am besten mit drei Pflanzen oder, da Wasser im Kreislauf der Elemente das Holz nährt, mit einem Wasserfeature. Im Osten herrscht ja das Element Holz. Stärken Sie zusätzlich auch Ihre persönliche Gesundheitsrichtung. Bei der Kua-Zahl Zwei ist dies der Westen. Geben Sie daher in diese Richtung Objekte aus Metall oder schöne Steine, wenn Sie ein Zweier sind. Gut ist es, zusätzlich Bücher zum Thema Gesundheit hier abzulegen oder Bilder von Heilpflanzen in dieser Richtung zu installieren. Ganz gut sind dann im Westen natürlich weiß blühende Heilpflanzen. Denn die Farbe Weiß steht für die Energie des Metalls.

Der Feineinstellung sind im Feng Shui keine Grenzen gesetzt, lassen Sie ruhig Ihre Intuition und Phantasie walten. Dies schafft ein gutes Energiefeld.

Kombination aller Formeln

Den Wohlstand können Sie durch Bankkontoauszüge in Ihrer persönlichen Richtung zusätzlich stärken. Für Freundschaft und gelungene Kommunikation mit Vorgesetzten, Behörden und Kollegen stärken Sie Ihre persönliche Richtung mit Ihrem Adressbuch oder einem Foto von Ihnen und Ihren Freunden oder Kollegen. Die allgemeine Richtung für Beziehungsglück ist ja der Nordwesten. Die Zahl des Nordwestens ist die Sechs. Sechs Münzen (Metall-Chi) oder sechs Steine in diesem Sektor (Erde nährt Metall) sind weitere probate Mittel. Zur Stärkung Ihrer Kreativität können Sie sieben Münzen oder sieben Steine in den Westen geben. Allgemein wird der Reichtum im Südosten mit vier Pflanzen (Chi des Holzes) oder der Energie des Wassers gestärkt. Der Süden (Ruhm und Anerkennung) wir mit der Farbe Rot, neun roten Kerzen oder neun rot blühenden Pflanzen besonders gut aktiviert. Aber bitte keinen Stress, auch nur eine Kerze oder eine rot blühende Pflanze reichen durchaus aus. Wer studiert sollte seine persönliche Wachstumsrichtung stärken. Zum Beispiel mit Zeugnissen in diesem Sektor oder Lernutensilien, und natürlich sollte die allgemeine Richtung für Bildunglück, der Nordosten, gestärkt werden, etwa durch eine Kristallkugel oder besser noch acht Kristallkugeln, oder eben Kerzen. In solch einem Fall schadet es natürlich auch nicht, zusätzlich den Süden zu stärken, damit es auch wirklich mit dem Prüfungserfolg klappt.

Natürlich gibt es sehr viele verschiedene Möglichkeiten, die einzelnen Sektoren zu stärken und die persönlichen Lebensziele mit Hilfe des Feng Shui auf einen guten Weg zu bringen. Der Aktivierung des Energiefeldes sind dabei keine Grenzen gesetzt. Und das Ganze wäre natürlich noch ein eigenes Buch wert, aber die hier aufgezeigten Maßnahmen reichen normalerweise völlig aus, um gute Energien zu generieren. Wichtig ist die Aktivierung besonders dort, wo wir uns oft aufhalten. Wenn Sie Ihr Gesundheitsglück stärken wollen, machen Sie das am besten im Schlafzimmer oder Büro. Kurz: in den Räumen in denen Sie sich oft aufhalten. Sie können die Gesundheit zum Beispiel immer allgemein im Osten des Hauses stärken und im Osten eines oder mehrerer einzelner Räume. Das geht.

Kombination aller Formeln

Vater Männer ab 46 Jahre	mittlerer Sohn 16-30 Jahre	jüngster Sohn bis 15 Jahre
jüngste Tochter bis 15 Jahre	NW N NO W O SW S SO	ältester Sohn 31-45 Jahre
Mutter Frauen ab 46 Jahre	mittlere Tochter 16-30 Jahre	älteste Tochter 31-45 Jahre

(Abb. 19.3) Die günstigsten Himmelsrichtungen für die einzelnen Familienmitglieder

Lassen Sie sich Zeit dabei, machen Sie nicht alles auf einmal und erneuern Sie ab und zu Ihre Maßnahmen oder gestalten sie neu. Das hält die Energien in Fluss. Männer sollten dabei im Grundchart vor allem auf die richtige Gestaltung des Nordwestens und Ostens achten, Frauen auf den Südwesten und Südosten. Dies ist sehr wichtig.

Nachwort

Ich hoffe es ist mir gelungen, mit praktischen Beispielen zu zeigen, dass an den Regeln des Feng Shui was dran ist. Probieren Sie es einfach aus.

Feng Shui ist nicht alles, aber doch einiges. Immerhin macht es nach chinesischer Auffassung ein Drittel des Gesamtglücks eines Menschen aus. Das ist nicht wenig. Feng Shui hilft, das Chi der Erde für den Einzelnen nutzbar zu machen. Die Astrologie wiederum gewährt Einsichten in das vom Himmel vorgezeichnete Schicksal, und letztlich kommt es auf das innere Selbst, den Persönlichkeitskern an, was ein Mensch aus sich macht.

Im Großen und Ganzen ist das Feng Shui eine recht erfolgreiche Methode. Dennoch gibt es Fälle, in denen das Feng Shui nicht funktioniert. Auch Lillian Too berichtet über Fälle, bei denen sich trotz des Einsatzes von mehreren hochdekorierten Feng-Shui-Großmeistern kein Erfolg einstellen wollte. Die Ursachen dafür können sehr verschieden sein. Eine miese Kindheit, die das persönliche Energiefeld nachhaltig gestört und zerstört hat, sodass auch das feinstoffliche Tool der Feng-Shui-Korrekturen nichts oder zu wenig bewirken kann, habe ich als möglichen Aspekt bereits erwähnt. Ein weiterer Aspekt darf nicht vernachlässigt werden. Wie steht es mit der Befolgung geistiger Gesetze? Und da sieht es bei manchen einfach nur zappenduster aus.

Feng Shui ist eine Grenzwissenschaft, eine Sparte dessen, was man heute Esoterik nennt. Früher nannte man es Magie. Mit der Magie legen wir unser Schicksal nicht länger in Gottes Hand. Unser eigener Wille gerät in den Vordergrund, wir versuchen, uns selbst zu helfen und aus eigener Kraft einen Weg durchs Leben zu finden, statt im Gebet auf den Willen Gottes zu vertrauen. Nach der Auffassung der Kabbala, der jüdischen Mystik, dürfen wir das, denn wir wurden als freie Wesen geschaffen. Beim Gebet bedienen wir uns der selben Energien wie in der Magie, allerdings mit dem Vorteil, dass wir nicht irgendwelche geistigen Gesetze, gleich welcher Art, aus Versehen oder auch willentlich brechen, was bei der Magie durchaus passieren kann. Damit das magische Werk gelingt, ist es nach Auffassung der Kabbala unabdingbar, sich ansonsten an die Gesetze Gottes zu halten, als da sind: die Tora, der Talmud und die Zehn Gebote.

Wer Feng Shui betreibt, für den ist es vielleicht nicht ganz so schlimm, wie für den Kabbalisten. Ich denke, die Einhaltung der Gebote des Konfuzius reicht.

China, Jahrzehnte durch die „Heilslehre" des Karl Marx traktiert, stand geistig, moralisch und nicht zuletzt auch wirtschaftlich am Abgrund. Die Bevölkerung versank in Armut. Die Wende leitete sich ein, als der von den Marxisten verteufelte Konfuzianismus in China wieder Fuß fassen konnte. Während unsere Kinder wohl eher von Jahr zu Jahr blöder werden (siehe hierzu Bonner, Weiss: Generation Doof), sind die Chinesen inzwischen begehrte „Exportware", um den Mangel an eigenen intelligenten Kräften zumindest in den USA und Kanada auszugleichen. Intelligenz und Charakter hängen nun mal zusammen. Erziehen Sie Ihre Kinder zu Wesen mit Charakter und Anstand, dann wird auch die Intelligenz selbiger zunehmen, so jedenfalls meine Vermutung anhand dem chinesischen Beispiel. Zweifellos ist manches (aber eben auch nicht alles) Genetik! Ein Versuch, zu mehr Anstand, zu mehr Disziplin und Selbstbildung zu gelangen, lohnt sich auf jeden Fall!

Wichtig an der chinesischen Tradition ist, dass Konfuzius metaphysische Spekulationen eingehend abgelehnt hat. Aus gutem Grund, so manche Religion schafft, metaphysisch ernst genommen, Anwärter auf die Klappsmühle.

Lassen Sie die Finger von Heilslehren, die behaupten über das Jenseits Bescheid zu wissen, über Gott und sonst was, so was bringt nur Probleme und im schlimmsten, gar nicht so seltenen Fall, geistige Krankheit. Das ist die Überzeugung des Konfuzius, the chinese way of life. Prüfet alles und das Gute behaltet, so lautet ein Leitspruch des Neuen Testaments. Auch wenn dabei von vielen Religionen nicht allzu viel übrig bleibt: Hinterfragen lohnt sich. Aus guten Grund hat schon Leibniz die Einführung des Konfuzianismus bei uns in Europa als Ersatz für den immer noch herrschenden metaphysischen Aberglauben gefordert. Eine Forderung, die ich nach wie vor für aktuell halte. Statt schlechten Religionen oder noch schlechteren Ersatzreligionen allen möglichen Couleurs zu folgen, wären wir mit diesem Tipp des Universalgenies vermutlich besser beraten.

Feng Shui ist mehr als mit Farben und Accessoires das Wohnumfeld zu gestalten. Zweifellos, Farben und Formen wirken auf unsere Psyche, aber da ist noch mehr ... Feng Shui will ein Stück Natur und damit Gesundheit und Ganzheit zurückgewinnen. Die moderne Biologie und Evolutionsforschung hat erkannt, dass des Menschen Gehirn und Psyche sich in Koevolution mit der Natur entwickelt haben. Wir erleben die Welt nicht primär im Geist, sondern mit allen Sinnen. Der Begriff dafür ist Schöpferische Ökologie und es dämmert unseren Wissenschaftlern, dass wir mit der Zerstörung der Natur uns selbst zerstören. [Web07] Das Verschwinden der Natur wird unabsehbare Folgen haben, ohne das Erlebnis der Natur verkümmert der Mensch. Kinder sammeln Stofftiere, wir nehmen das ganz selbstverständlich hin und hinterfragen das gar nicht. Das Kind braucht zu seiner Entwicklung Tiere und sei es auch nur in der Form eines Surrogates.

Eine klassische Feng-Shui-Maßnahme ist das Aufstellen der Tiere des chinesischen Tierkreiszeichens im Haus, also Ochse, Tiger, Hase, Drache, Schaf, Schwein, Affe etc. Dies gibt gutes Feng Shui. Chinesen sind also auf diesem Gebiet genauso kindisch wie unsere Kinder. Wer erinnert sich da nicht an die Worte im neuen Testament: wenn ihr nicht werdet wie die Kinder ... Aber die Naturfrömmigkeit der Chinesen geht noch weiter: Vögel im Garten füttern bringt Glück. Sie bringen gute Nachrichten, sie sind Glücksboten. Krähen bringen prophetische Träume, Greifvögel immerwährenden Reichtum. Vögel, die im Garten nisten, sind ein sehr gutes Zeichen für Wohlstand und höheres Einkommen. Jie Quian empfiehlt unter anderem folgendes: Lassen Sie etwas reifes Obst im Baum hängen, dies fördert Wohlstand und Erfolg. Sorgen Sie dafür, dass sich Kröten und Eidechsen in Ihrem Garten wohl fühlen. Verwenden Sie Pflanzen, die Tiere anlocken und ihnen Nahrung bieten (Vogelhecke, Bienenpflanzen). Freuen Sie sich über die Unterirdischen im Garten. Maulwürfe bedeuten viel Reichtum und Glück. Lassen Sie Katzen über Ihren Grund streifen. Begrüßen und genießen Sie den Besuch der Singvögel, des Igels, der Schmetterlinge und summenden Bienen in Ihrem Paradies. Wenn Wildtiere wie Hasen und Rehe den Weg in Ihren Garten finden, bedeutet dies, dass positives Chi vorherrscht. Wenn Sie nur einen Balkon Ihr Eigen nennen, dann sorgen Sie einfach für Üppigkeit, die Bienen werden es Ihnen danken. Und Vögel kann man ja das ganze Jahr über auf dem Balkon füttern.

Heute mutiert unsere Landschaft auch im sogenannten biologischen Landbau immer mehr zur Agrarsteppe. Hecken werden beseitigt, andauernd wird gemäht. Wiesen können nicht mehr blühen, versauern durch Überdüngung mit Mist und Gülle. Die Vögel finden keine Nahrung mehr, das Bodenleben wird zerstört. Pflanzen Sie Vogelschutzhecken, so wie ich es getan habe. Bei mir nisten heute Goldammer und Neuntöter, diese zwei Tiere stehen auf der Roten

Liste, sind vom Aussterben bedroht.

Goldammer im Garten des Autors

In jungen Jahren habe ich zum ersten mal in meinem Leben Dickkopffalter-Arten in einem Naturschutzgebiet meiner Heimat gesehen und bestimmt. Heute habe ich Dickkopffalter selbst in Garten. Warum? Weil ich Bereiche aus der Produktion heraushalte und in Brache gebe. Dies regeneriert nicht nur das Bodenleben, gibt einen besseren, humoseren Boden sondern fördert auch Fauna und Flora allgemein. Auch Schmetterlinge sind Boten des Himmels, geben gutes Feng Shui. Die Äpfel, die ich nicht brauche, bleiben im Herbst an den Bäumen hängen, sie geben Nahrung für Wintergäste, ganze Horden Wacholderdrosseln und Seidenschwänze sind schon bei mir eingefallen. Nordische Bergfinken sind bei mir ständig zu Gast. Die Rehe holen sich die Äpfel, die zu Boden gefallen sind, aus dem Schnee. Was übrig bleibt holt sich, genau so wie das Laub, der Regenwurm. Das baut das Bodenleben auf. Der Boden bleibt von selbst fruchtbar. Sorgen Sie dafür, dass die Regenwürmer heimisch bleiben, lassen Sie Material für die Regenwürmer als Nahrung liegen, dies ist wichtig. Kehren Sie zurück zur Bewirtschaftungsform unserer Urgroßeltern. Früher hielt man in bestimmten Sektoren Brache. Eine

Wildnis allgemein in einem Bereich stehen zu lassen ist eine alte, bewährte Tradition auch bei den Ureinwohnern im indischen Hochland. Hawkins beschreibt in seinem Buch *Der Zauber von Findhorn*, wie wichtig es für das Gedeihen des Gartens ist, einen ausgewählten Bezirk unberührt zu lassen.

Lassen Sie in Ihrem Garten die Natur ihr energetisches Potential entfalten. Ich habe mich daran gehalten und bei mir tummeln sich viele wunderschöne Tiere und Pflanzen und ich bin glücklich – so wirkt Feng Shui.

Literatur

Referenzen für Kapitel 1

[AA09] Dorothee Ahrendt und Gertraud Aepfler. *Goethes Gärten in Weimar*. Leipzig: Peter Lang, 2009.

[GO08] Ernst-Gerhard Güse und Margarete Oppel. *Goethes Gartenhaus*. Weimar: Klassik Stiftung Weimar, 2008.

Referenzen für Kapitel 2

[Goe14] Johann Wolfgang Goethe. *Sämtliche Gedichte*. Frankfurt am Main: Insel Verlag, 2014.

[Nag90] Frank Nager. *Der heilkundige Dichter. Goethe und die Medizin*. Zürich und München: Artemis Verlag, 1990.

Referenzen für Kapitel 3

[Hal04] Maria Haller-Nevermann. *Friedrich Schiller. Ich kann nicht Fürstendiener sein: Eine Biographie*. Berlin: Aufbau Verlag, 2004.

[Kna13] Werner Knape. *Weimar. Der Stadtführer*. Wernigerode: Schmidt-Buch-Verlag, 2013.

[Nau05] Ursula Naumann. *Schiller, Lotte und Line. Eine klassische Dreiecksgeschichte*. Frankfurt am Main: Insel Verlag, 2005.

Referenzen für Kapitel 4

[Czi63] Alfons von Czibulka. *Prinz Eugen. Retter des Abendlandes*. Gütersloh: Bertelsmann Lesering, 1963.

[Egg10] Hanne Egghardt. *Prinz Eugen. Feldherr, Staatsmann, Mäzen*. Wien: Haymon Verlag, 2010.

Referenzen für Kapitel 5

[Czi63] Alfons von Czibulka. *Prinz Eugen. Retter des Abendlandes*. Gütersloh: Bertelsmann Lesering, 1963.

[Hut03]   Carl Huter. *Das Empfindungsvermögen der Materie. Die dritte Weltenergie als Wurzelkraft des Lebens.* Zürich: Carl-Huter-Verlag, 2003.

[See04]   Ulrike Seeger. *Stadtpalais und Belvedere des Prinz Eugen. Entstehung, Gestalt, Funktion und Bedeutung.* Wien: Böhlau, 2004.

Referenzen für Kapitel 6

[Bur12]   Wolfgang Burgorf. *Friedrich der Große. Ein biografisches Portrait.* Freiburg im Breisgau: Herder Verlag, 2012.

[Kun04]   Johannes Kunisch. *Friedrich der Große. Der König und seine Zeit.* München: C.H.Beck, 2004.

[La 04]   Julien Offray de La Mettrie. *Über das Glück, oder: Das höchste Gut („Anti-Seneca").* Nürnberg: LSR Verlag, 2004.

[PP06]   Sybille von Preußen und Friedrich Wilelm von Preußen. *Die Liebe des Königs. Friedrich der Große, seine Windspiele und andere Passionen.* München, 2006.

[Sch87]   Robert H. Schuller. *Aufwärts zum Erfolg. Positives Denken versetzt Berge.* Landsberg am Lech: mvg-Verlag, 1987.

[Wes03]   Petra Wesch. *Schloss Sanssouci. Die Sommerresidenz Friedrichs des Großen.* München, 2003.

Referenzen für Kapitel 7

[]   *Wien - Schönbrunn.* Wien: Verlag Bauer Wien.

[BH71]   Flodoard Freiherr von Biedermann und Wolfgang Herwig. *Geoethes Gespräche. 1817-1825. Dritter Band, Erster Teil.* Zürich und Stuttgart: Artemis Verlag, 1971.

[Göt00]   Heide Göttner-Abendroth. *Das Matriarchat II,2. Stammesgesellschaften in Amerika, Indien, Afrika.* Stuttgart: Kohlhammer, 2000.

[Has15]   Gabriele Hasmann. *Die spukenden Habsburger. Blaublütigen Geistern auf der Spur.* Wien: Ueberreuter, C., 2015.

[Her04]   Franz Herre. *Maria Theresia. Die große Habsburgerin.* München, 2004.

Referenzen für Kapitel 8

[Böd10] Erhardt Bödecker. *Preußen - Eine humane Bilanz.* München: Olzog, 2010.

[Ell08] Hartmut Ellrich. *Das Berliner Schloss. Geschichte und Wiederaufbau.* Petersburg: Michael Imhof Verlag, 2008.

[Fre60] Michael Freund. *Deutsche Geschichte.* Gütersloh: C. Bertelsmann Verlag, 1960.

[Kie11] Hubert Kiesewetter. *Karl Marx und die Menschlichkeit.* Berlin: Duncker & Humblot, 2011.

[Löw99] Konrad Löw. *Das Rotbuch der Kommunistischen Ideologie. Marx & Engels – Die Väter des Terrors.* München: Langen Müller, 1999.

[Mei93] Carola Meier-Seethaler. *Von der göttlichen Löwin zum Wahrzeichen männlicher Macht. Ursprung und Wandel großer Symbole.* Zürich: Kreuz Verlag, 1993.

[Sch54] Leopold Schwarzschild. *Der rote Preuße. Leben und Legende von Karl Marx.* Stuttgart: Scherz & Goverts, 1954.

Referenzen für Kapitel 9

[Unt11] Katrin Unterreiner. *Die Habsburger. Eine europäische Dynastie im Portrait.* Wien, Graz, Klagenfurt: Styria Premium, 2011.

[Unt15] Katrin Unterreiner. *Kaiser Franz Joseph. Mythos und Wahrheit.* Wien: Christian Brandstätter Verlag, 2015.

[Wil] James Wilkie. *Die Kaiservilla in Bad Ischl.* [Keine weiteren Angaben - Broschüre erhältlich im Museumsshop der Kaiservilla].

Referenzen für Kapitel 10

[Häf08] Heinz Häfner. *Ein König wird beseitigt. Ludwig II. von Bayern.* München: C.H.Beck, 2008.

[Her86] Franz Herre. *Ludwig II. Sein Leben - Sein Land - Seine Zeit.* Stuttgart: DVA, 1986.

[Hil13]   Oliver Hilmes. *Ludwig II. Der unzeitgemäße König*. München: Siedler Verlag, 2013.

[MP00]   Christian Misniks und Yörg Plesse. *Linderhof: Schloss und Park*. Oberammergau: Misniks, Ch, 2000.

Referenzen für Kapitel 11

[Gec04]   Martin Geck. *Richard Wagner*. Reinbek bei Hamburg: Rowohlt Taschenbuch Verlag, 2004.

[Ham13]   Brigitte Hamann. *Die Familie Wagner*. Reinbek bei Hamburg: Rowohlt Taschenbuch Verlag, 2013.

[Her86]   Franz Herre. *Ludwig II. Sein Leben - Sein Land - Seine Zeit*. Stuttgart: DVA, 1986.

[Mil04]   Alice Miller. *Evas Erwachen. Über die Auflösung emotionaler Blindheit*. Frankfurt am Main: Suhrkamp, 2004.

Referenzen für Kapitel 12

[Top90]   Ernst Topitsch. *Stalins Krieg. Die sowjetische Langzeitstrategie gegen den Westen als rationale Machtpolitik*. Herford: Busse + Seewald, 1990.

[Vos91]   Michael S. Voslensky. *Sterbliche Götter. Die Lehrmeister der Nomenklatur*. Berlin: Ullstein Sachbuch, 1991.

Referenzen für Kapitel 13

[Mil83]   Alice Miller. *Am Anfang war Erziehung*. Frankfurt am Main: Suhrkamp, 1983.

[Mil88]   Alice Miller. *Der gemiedene Schlüssel*. Frankfurt am Main: Suhrkamp, 1988.

[Mon74]   M.F. Ashley Montagu. *Mensch und Aggression. Der Krieg kommt nicht aus unseren Genen*. Weinheim und Basel: Beltz Verlag, 1974.

[Ski03]   Stephen Skinner. *Flying Star Feng Shui*. Boston: Tuttle Publishing, 2003.

[Too99]   Lillian Too. *Feng Shui konkret*. München: Knaur, 1999.

[Wal99] Derek Walters. *Das Feng-Shui Praxisbuch*. Bern, München, Wien: O. W. Barth Bei Scherz, 1999.

Referenzen für Kapitel 14

[Ehr01] Dr. C. P. Ehrensperger. *Krebs-krank? Nein danke - ohne mich: Krebs als Stoffwechselkrankheit dargestellt oder: Warum die Krebskrankheit die Folge einer jahrelangen chronischen Kohlenhydratvergiftung ist!* Norderstedt: Books on Demand, 2001.

[Kel82] Horst Keller. *Ein Garten wird Malerei. Monets Jahre in Giverny*. Köln: DuMont Buchverlag, 1982.

[MB98] Heide Michels und Guy Bouchet. *Monets Haus. Ein Besuch in Giverny*. München: Christian Verlag, 1998.

[Sag13] Karin Sagner. *Monet. Einladung nach Giverny*. München: Bookspot GmbH, 2013.

[Tri16] Karl Trischberger. *Vastu. Das Geheimnis des Raumes*. Norderstedt: Books on Demand, 2016.

Referenzen für Kapitel 15

[Mel67] James Mellaart. *Çatal Hüyük. Stadt aus der Steinzeit*. Bergisch Gladbach: Lübbe, 1967.

[Pae86] Karl Paetow. *Frau Holle. Volksmärchen und Sagen*. Husum: Husum Druck- und Verlagsgesellschaft mbH, 1986.

Referenzen für Kapitel 16

[Too99] Lillian Too. *Feng Shui konkret*. München: Knaur, 1999.

Referenzen für Kapitel 17

[Ski03] Stephen Skinner. *Flying Star Feng Shui*. Boston: Tuttle Publishing, 2003.

Referenzen für Kapitel 19

[AG12]   Stefan Aust und Adrian Geiges. *Mit Konfuzius zur Weltmacht. Das chinesische Jahrhundert.* Köln: Bastei Lübbe, 2012.

[Kon87] Konfuzius. *Der gute Weg.* Bern, München, Wien: Fischer Scherz, 1987.

[Qia01] Jie Qian. *Feng Shui Garten.* München: Gräfe und Unzer, 2001.

[Sac13] Frank Sacco. *Wenn Glaube krank macht.* Norderstedt: Books on Demand, 2013.

[Too04] Lillian Too. *feng shui total.* München: Goldmann, 2004.

[Web07] Andreas Weber. *Alles fühlt. Mensch, Natur und die Revolution der Lebenswissenschaften.* Berlin: Berlin Verlag, 2007.

Der Autor

Karl Trischberger, Jahrgang 1959, war nach dem Abschluss des Studiums der Wirtschaftswissenschaften lange Zeit im Management eines größeren deutschen Unternehmens tätig. Zu seinen Hobbys zählt die vergleichende Religionswissenschaft und das weite Gebiet der Esoterik und seiner okkulten Strömungen. Dabei hat es ihm besonders die Geomantie und das Feng Shui angetan. Auf deren Erfahrungen, Lehren und praktischen Umsetzungen hat er sich als Berater spezialisiert.

Seit dem Bekanntwerden des Vastu – dem indischen Pendant zum Feng Shui – im Westen hat er selbiges in den Kundenberatungen zusätzlich integriert. In zahlreichen Kursen und im Studium von themenbezogener und insbesondere -ferner Literatur über tief in zahlreichen Weltkulturen verwurzelten religiösen und mythologischen Bildern wurde das Wissen vertieft.